하루 한 장
어른을 위한 필사 노트

하루 한 장
어른을 위한 필사 노트

초판 1쇄 인쇄 2025년 04월 02일
초판 1쇄 발행 2025년 04월 16일

신고번호 제313-2010-376호
등록번호 105-91-58839

지은이 백정미

발행처 보민출판사
발행인 김국환
기획 김선희
편집 현경보
디자인 다인디자인

ISBN 979-11-6957-330-6   03190

주소 경기도 파주시 해올로 11, 우미린더퍼스트@ 상가 2동 109호
전화 070-8615-7449
사이트 www.bominbook.com

• 가격은 뒤표지에 있으며, 파본은 구입하신 서점에서 교환해드립니다.
• 이 책은 저작권법에 의하여 보호를 받는 저작물이므로 무단 전재와 복사를 금합니다.

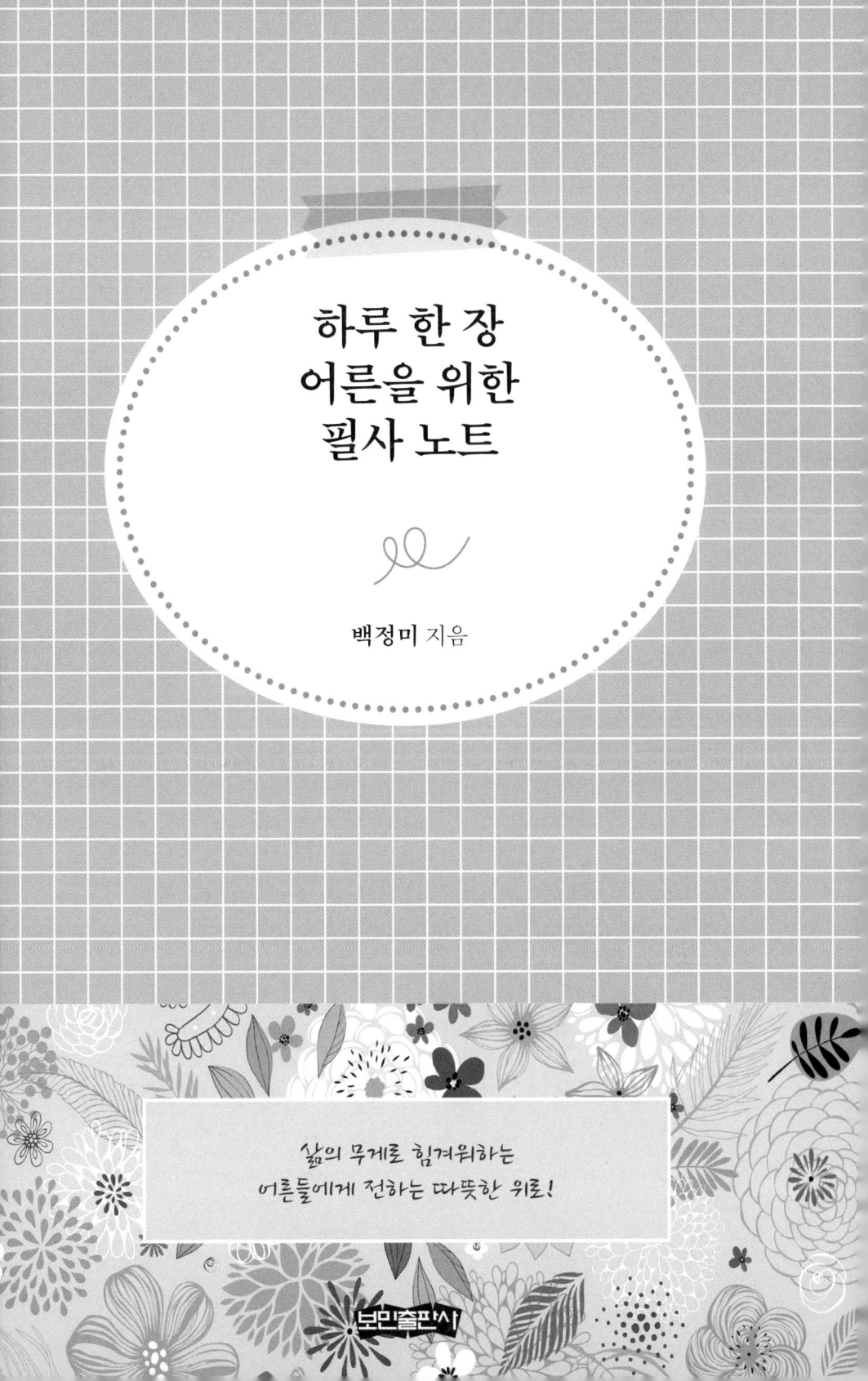

하루 한 장
어른을 위한
필사 노트

백정미 지음

삶의 무게로 힘겨워하는
어른들에게 전하는 따뜻한 위로!

◆ 추천사 ◆

　삶이 버거운 날이면 누군가 따뜻한 한마디를 건네주기를 바라게 된다. 상처받은 마음 위에 말 한 줄이 조용히 내려앉아 오래도록 머물러 주기를 바라며, 마치 빗방울처럼 부드럽고도 정직하게 스며들어 주기를 바란다. 백정미 작가의 글은 그런 말들이 가득하다. 한 장 한 장 페이지를 넘길 때마다 삶을 위로하는 온기가 독자의 손끝과 마음속에 전해진다.

　신작 『하루 한 장 어른을 위한 필사 노트』는 그 제목처럼 하루 한 장씩 따라 쓰며 천천히 마음을 돌보게 해주는 책이다. 매일의 기록을 통해 독자 스스로가 자신의 마음을 어루만지고, 삶을 조금 더 나아지게 만드는 힘을 길러주는 안내서다. 시처럼 짧고 산문처럼 단단한 백정미 작가의 글은 일상에 지친 어른들에게 "당신은 충분히 소중한 사람"이라고 다정하게 말을 건넨다.

　책을 펼치면 가장 먼저 "힘을 내세요, 그대"라는 <작가의 말>이 독자를 맞는다. 그 말은 이 책의 모든 글이 향하는 방향이기도 하다. 눈물을 삼키는 밤, 이유 없이 불안한 날, 사람에 지치고 자신을 잃어버릴 것 같은 순간에도 이 책은 "괜찮다"고, "당신은 이미 충분하다"고 조용히 곁에 있어 준다. 그것은 작가의 따뜻한 시선이기도 하고, 인간에 대한 깊은 연민이기도 하다. 누구도 꾸짖지 않으며, 누구도 판단하지 않고, 그저 살아있다는 이유만으로 삶을 축복해 주는 글들이다.

이 책의 글들은 짧지만, 가볍지 않다. 문장마다 담긴 진심과 진정성은 단단한 울림으로 독자의 마음에 자리한다. "존재의 이유", "인생의 흉터 치료법", "오늘 하기", "즐겁게 지내기", "존중"이라는 주제들 속에는 단 한 사람의 삶도 허투루 여기지 않으려는 작가의 따뜻한 인간애이며, 어른들에게 보내는 하루치의 위로라고 말하고 싶다. 어떤 날에는 함께 울어주고, 어떤 날에는 등을 토닥이며, 어떤 날에는 사랑한다고 말해주는 이 책은, 결국 독자 스스로가 자기 자신을 더 사랑할 수 있게 만들어 주는 선물이다.

글을 따라 쓰는 동안 독자는 어느새 자신의 마음을 들여다보고, 작은 용기를 다시 꺼내어 삶을 사랑하게 될 것이다. 그런 의미에서 이 책은 필사 노트이자 치유 노트이며, 삶의 문턱에서 다시금 희망을 쓰는 연습장이다. 이 책을 꼭 껴안고 있는 한 사람 한 사람이 조금 더 따뜻해지기를, 그리고 결국은 자신을 사랑하게 되기를 진심으로 응원한다.

2025년 4월
편집위원 **김선희**

◆ 작가의 말 ◆

"힘을 내세요, 그대"

15년이란 긴 시간 동안 꾸준히 글을 썼습니다. 주로 용기와 희망을 주는 힐링 글들이었습니다. 그동안 써온 글 중에서 가장 좋은 글을 엄선해서 한 권의 책으로 펴냅니다. 이 책은 힘들게 인생을 살아가는 여러분들에게 도움이 되고자 펴내게 되었습니다. 부디 힘들더라도 용기를 잃지 마시고 희망을 가지시길 바랍니다. 칠흑 같은 어둠 속에서 혼자인 것 같아서 눈물 나거든 저를 생각하시고 이 책을 필사하시면서 힘을 내세요. 반드시 아침은 오고 찬란한 성공의 태양이 떠오를 것이라고 약속드립니다.

2025년 4월
저자 **백정미**

◆ 목차 ◆

추천사 … 4
작가의 말 … 6

001	그대에게 주고 싶은 선물	… 14
002	진정한 사랑	… 16
003	역경에 대처하는 법	… 18
004	위로	… 20
005	포근함	… 22
006	고맙습니다	… 24
007	초롱이 이야기	… 26
008	행복하기	… 28
009	나를 사랑하기	… 30
010	고난	… 32
011	소중한 당신	… 34
012	사색	… 36
013	그대가 행복하기를 바랍니다	… 38
014	고독의 가치	… 40
015	생의 기쁨	… 42
016	다양성	… 44

017	장점 바라보기	… 46
018	고요한 시간 갖기	… 48
019	마음 사랑하기	… 50
020	배우기	… 52
021	현재에 살기	… 54
022	가장 소중한 순간	… 56
023	오늘 하기	… 58
024	즐거운 마음 가지기	… 60
025	틀 깨기	… 62
026	관점의 차이	… 64
027	고민 버리기	… 66
028	내 마음 다스리기	… 68
029	신기한 일들	… 70
030	다시 일어서는 용기	… 72
031	축복	… 74
032	빗방울 이야기	… 76
033	인생의 법칙	… 78
034	무조건적인 사랑	… 80
035	존재 인정하기	… 82
036	비난의 효과	… 84
037	즐겁게 지내기	… 86
038	인간에 대한 연민	… 88
039	의지를 지녀라	… 90
040	나를 위한 주문	… 92
041	두려움에 대하여	… 94
042	책의 값어치	… 96

043	미소의 힘	… 98
044	인생의 처세술	… 100
045	시간 속에서	… 102
046	인생의 진리	… 104
047	사람을 대할 때 장미꽃을 대하듯 하라	… 106
048	이별의 미학	… 108
049	영혼의 행복을 얻는 법	… 110
050	누구나 상처를 입는다	… 112
051	인생의 흉터 치료법	… 114
052	여유로워지기	… 116
053	시련을 이기는 핵심	… 118
054	음악이 주는 치유	… 120
055	고고하게 살아라	… 122
056	여행의 이유	… 124
057	편안해지는 순간	… 126
058	좌절은 금지	… 128
059	명랑하라	… 130
060	아름다운 사람	… 132
061	창의적인 사람	… 134
062	매력적인 사람의 조건	… 136
063	사랑의 효용성	… 138
064	사랑한다면 이렇게 하라	… 140
065	전화하고 싶은 사람	… 142
066	언어의 힘	… 144
067	기억의 본질	… 146
068	날마다 행복해지는 비법	… 148

069	진정한 애국심	⋯ 150
070	소소한 기쁨의 가치	⋯ 152
071	좋은 추억 만들기	⋯ 154
072	삶을 해석하는 법	⋯ 156
073	원수를 대하는 법	⋯ 158
074	미운 사람에게 이렇게 할 것	⋯ 160
075	고백할게요	⋯ 162
076	그대의 언어	⋯ 164
077	나를 위한 위로는 내가 하면 된다	⋯ 166
078	사랑해	⋯ 168
079	시련이 찾아오기 전에 대비하라	⋯ 170
080	인생의 속성	⋯ 172
081	사랑의 관점 가지기	⋯ 174
082	인간에 대한 예의	⋯ 176
083	존재의 이유	⋯ 178
084	모든 존재는 가치가 있다	⋯ 180
085	사람을 존중할 것	⋯ 182
086	더 늦기 전에	⋯ 184
087	말투의 중요성	⋯ 186
088	말은 그 사람의 인품이 된다	⋯ 188
089	인생 최고의 교훈	⋯ 190
090	교양 있는 사람의 태도	⋯ 192
091	더 용서하고 더 사랑하라	⋯ 194
092	슬픈 시간이 오기 전에 해야 할 것	⋯ 196
093	희망의 무지개	⋯ 198
094	그대가 가져야 할 삶의 자세	⋯ 200

095	헌신하라	… 202
096	진정한 헌신	… 204
097	겉모습만 보고 판단하지 말 것	… 206
098	친구	… 208
099	꿈을 위해 노력하라	… 210
100	인내심을 가져라	… 212
101	웃음과 행복	… 214
102	연민하고 사랑하라	… 216
103	꿈꾸기	… 218
104	기억 주머니 청소하기	… 220
105	인생의 고민을 없앨 비법	… 222
106	명심하세요	… 224
107	고차원적인 생각을 하라	… 226
108	잘못을 반성하고 고쳐라	… 228
109	신뢰받는 사람	… 230
110	작은 소원	… 232
111	명상의 필요성	… 234
112	우주의 이치	… 236
113	현재의 자신을 사랑하라	… 238
114	진정한 부자	… 240
115	인간의 역사	… 242
116	오늘이란 날을 축복할 것	… 244
117	오늘은 생애 최고의 날	… 246
118	그대를 축복합니다	… 248
119	오늘 아침을 감사하라	… 250
120	고민거리 처리법	… 252

121	타인의 삶 이해하기	… 254
122	분노 다스리기	… 256
123	거울의 기도	… 258
124	헛된 것들 버리기	… 260
125	당근 싹이 내게 가르쳐 준 것	… 262
126	따뜻한 작별	… 264
127	타인의 소중함	… 266
128	고난을 이기는 지혜	… 268
129	인생	… 270
130	우리의 세계	… 272
131	사랑에 익숙해져라	… 274
132	사계절	… 276
133	자기 자신이 우주다	… 278
134	생의 아름다움	… 280
135	바른 인성의 필요성	… 282
136	오늘을 기쁘게 살 것	… 284
137	향기로운 추억 만들기	… 286
138	실수와 실패를 두려워하지 말라	… 288
139	실수는 들꽃이다	… 290
140	겸손해야 행복해진다	… 292
141	기다림	… 294
142	낭만적인 그대	… 296
143	명상	… 298
144	참된 삶의 태도	… 300
145	모두가 행복해질 수 있도록	… 302
146	그대는 무엇이든 할 수 있다	… 304

하루 한 장
어른을 위한 필사 노트

가장 감동적인 글귀만 엄선해서 모은

최고의 문장들!!!

읽으면 읽을수록 가슴이 뭉클해지고

필사하는 순간 삶에 대한 지혜가 생길 것이다.

그대에게 주고 싶은 선물

그 무엇에도 꺾이지 않는 용기

하늘처럼 드넓은 사랑

그리고 인생에 대한 식지 않는 열정

진정한 사랑

세상에 태어날 수 있는 축복을 공유한
많은 것들을 둘러보라.
측백나무 위의 참새 한 마리도
해맑게 미소 짓는 길가의 코스모스도
어젯밤 층간소음 문제로
얼굴 붉히며 싸운 아래층 사람도
매사에 사사건건 잔소리 해대는 상사도
십 년간 모은 곗돈을 갖고 도망간 친구도
모두 다 세상에 태어나
살아있어서 만난 존재들이므로 사랑해야 한다.
정말 죽을 만큼 미워도 도저히 이해할 수 없어도
그들이 인간이라는 그 이유 하나만으로도
우리는 마땅히 사랑과 화해의 미소를
지어야 할 것이다.

역경에 대처하는 법

역경은 인간을 더욱 단단하게 만드는
최고의 선물이다.
역경을 즐겁게 맞이해라.
그리고 이겨내라.
누군가 당신을 괴롭히고 힘겹게 만들 때
그 사람에게 굴복하지 말라.
그에게 굴복하고 자아를 팽개치게 되면
분별력은 힘을 잃고
선과 악에 대한 명확한 기준마저도 놓치고 만다.
악인은 선인을 괴롭히는 데서 희열을 느낀다.
그러나 분별력 있는 사람은
그러한 악한 사람의 마음을
단호하게 저지할 수 있으며
오히려 그를 교화시킬 수 있기까지 하다.

위로

오래 슬퍼할 겨를이 없다.
우리의 인생은
너무나 짧고 찬란하기에
그대와 내가 꿈을 이루는 날,
그때 함께 기쁨의 눈물을 흘리자.
그때까지 남몰래 울지 않기

포근함

포근하게 사람들을 감싸 안아주어라.
그러면 그 포근함에 도취된 사람들이
당신을 좋아하게 될 것이다.
돈 한 푼 들이지 않고서
사람의 마음을 사로잡는 비법은 무엇인가?
그것은 진정으로 그를 이해하며
배려하는 자세일 것이다.

고맙습니다

가늘게 떨리는 어깨 위에 내려앉은 쓸쓸함의 무게
그 견딜 수 없는 무게에 눌린
그대의 마음은 고요 속으로 침잠한다.
헐어버린 가슴속에 파묻힌 즐거운 언어들을
다시 찾아볼 기운조차 없어진 그대
"수고했어요. 정말 오랜 시간 고생하셨어요.
그래도 당신 지금까지 버티어 낸 것만도 정말 고마워요."
나는 그대에게 그렇게 말해줄 것이다.
그대 앞에 서면

초롱이 이야기

"초롱아, 네 눈을 바라보면 난 정말 마음이 편해져.
어젯밤에 엄마가 보고 싶어서 아빠 몰래 울었는데
그래서 정말 힘들었거든.
그런데 이렇게 너의 맑고 깨끗한 눈을 바라보면
아픔이 저 멀리 씻겨 내려가는 것 같아."
그렇게 말하면 초롱이는 여물을 먹다 말고
은영이의 말을 다 알아들은 사람처럼
애틋한 눈으로 쳐다보곤 했다.
그리고 어쩔 땐
은영이가 하는 말에 마치 동조하는 듯
고개를 침착하게 끄덕거리기도 하고
음매 하는 소리를 내며 대답하기도 했다.

행복하기

행복을 향해 가는 길은
그대의 가슴을 따스하게 만들고 인간으로서
사는 것에 대해 뿌듯함과 보람을
느낄 수 있게 해준다.
그리고 행복은
타인에게 도움이 되는 무언가를 베풀 때
퍼낼수록 더 채워지는
마법의 항아리처럼 가득 차게 된다.

나를 사랑하기

인생에 있어서 행복이란 이런 것이 아닐까 싶다.
지금의 내 모습을 사랑하는 것
그대의 자리에서 그대의 순수한 모습을
사랑하고 감사하는 것이
바로 행복해지기에 충분한 요소인 것이다.
어떤 고난과 시련에도 굴복하지 말고
있는 그대로의 자신의 가치를 믿어라.
그리고 행복해지기에 충분한 사람임을 자각하라.

고난

어두운 밤 까만 밤하늘에 보석처럼
박혀 있는 별들을 바라보며
피를 토하는 심정으로 눈물을 쏟아냈던 기억
어둠조차도 내게 비수를 꽂는 것처럼
모든 것들이 낯설고 무서웠던 시간
땅이 꺼지고 하늘이 반 토막 난 것처럼
끝없는 절망의 지류만이 엄습해 왔지만
나는 결코 삶을 포기하지 않았다.
그대도 나처럼 처연히
절망과 고통과 타협하지 않기를 바란다.
지금 겪고 있는 고난과 고통은
그대에게 새로운 기회와
희망을 주기 위한 단련의 시기이다.
그대는 분명히 하고자 하는 일을 할 수 있고
간절히 바라는 사람이 될 수 있다.

소중한 당신

행복한 인생을 원한다면

존재하지도 않는 비법을 찾기 위해

헛되이 애쓸 것이 아니라

이제 자기 자신을 올바르게 응시해야 한다.

사람들은 때때로

자신이 이 세상에서 가장 소중한 사람이라는

명확하고도 중요한 사실을

망각하고 지내는 경우가 많다.

소중한 자신을 함부로 대하고

진정으로 존중해 주지 않으면서

남들은 자신을 존중해 주고 위해 주기를 바란다.

이 얼마나 모순적인 일인가?

사색

기분이 극도로 우울하거나
깊은 절망의 수렁에 빠진 듯
슬픔이 휘몰아쳐 올 때
어떤 희망의 불빛도 보이지 않을 때
그래서 차라리 강물에 사뿐히 투신이라도 하고 싶어질 때
그럴 때 삶에 대하여 자신에 대하여
차분히 사색하는 시간을 가지도록 하라.
마음을 혼란과 공포로부터 구하기 위해서는
그대의 차가운 이성이
냉철하게 빛을 발해야 할 것이다.

그대가 행복하기를 바랍니다

그대는 향기로운 장미 넝쿨이
우거진 지상에서 가장 아름다운 성의 주인이다.
최악의 상황에서도 믿음직하게
용기를 줄 수 있는 사람은 바로 자기 자신이다.
그대는 이미 행복해지기 위한
충분한 조건을 완벽하게 갖추고 있다.
지금 이 순간 살아있다는 사실만으로도
값을 매길 수 없을 만큼 가치 있는 존재이며
그 어떤 보석보다 반짝반짝 영롱하게 빛나며
세상에서 단 하나뿐인 신비롭고
순수한 영혼을 지니고 있기 때문이다.
그대는 행복해지기에 이미 충분하다.
그러므로 삶 앞에서 아무것도 두려워하지 말고
어떤 것에 대해서도 조바심 내지 말고
마음속 깊이 간직한 소중한 꿈을 향해서
힘차게 발걸음을 내딛어라.

고독의 가치

고통을 모르는 사람은 기쁨을 누릴 때
그 기쁨이 얼마나 큰 기쁨인지 가늠할 수 없다.
그러므로 그대는
자신이 가끔 또는 자주 고독해지더라도
의기소침해지지 않아도 될 것이다.
아름다운 바닷속 풍경을 보기 위해서
더 깊숙이 잠수하는 집념의 스쿠버다이버처럼
그대는 인생의 참 의미를 알기 위해
더 깊은 고독의 바다에 기꺼이 몸을 던져야 한다.

생의 기쁨

살아있는 이 순간을 즐겁게 보내라.
꽃의 아름다움이 절정에 이르는 건
그 꽃이 시들어 버린 후가 아니라
지상에 향기롭게 피어 있을 때인 것이다.
인간에게 생명이 머무르는 시간은 그리 길지 않다.
우리는 이 사실을 쉽게
망각하는 실수를 범하지 말아야 한다.
우리의 육체가 우주라는
무한한 공간 속에 온전하게 피어 있는 시간은
영겁의 시간에 비하면
순간에 불과하다는 것을 기억하라.
이처럼 소중하고 짧은 인생을 한탄만 하며
덧없이 흘려보낼 것인가?
아니면 나만의 위대한 역사를 이루어 낼 것인가?
먼저 지금 이 순간 맑은 공기를
들이마실 수 있는 축복에 감사해 보라.

다양성

우리 지구에 푸르른 바다만
무한정 펼쳐져 있다면 어떨까?
아니면 지표면 전체에 검은빛 아스팔트만
무진장 깔려 있다면 또 어떨까?
비취색 바다도 있고 연초록 산도 있고
들판이며 온갖 동식물이 있어야
조화로운 세상이 될 것이다.
인간에게 획일적이고
통일된 성격과 인격을 요구해서는 안 된다.
하늘을 가르며 비상하는 멋진 독수리가 있는가 하면
떨어진 음식물에 깃털을 흥건히 적시고
주섬주섬 그것들을 주워 먹는 비둘기도 있고
값비싼 명화가 있는가 하면
어느 이름 없는 화가가 남긴
팔리지 않는 빛바랜 수채화도 있다.

장점 바라보기

단면을 보고 전체라고
치부해 버리는 실수를 범하지 말라.
그렇게 한 사람의 인간성을
소수의 결점을 근거로 부정적으로 판단하는 것은
보이지 않는 폭력과도 같다.
꼭 사람을 물리적으로 때려야만 폭력이 아닌 것이다.
그 사람의 존재 자체에 대한 경외심을 배제한 채
그의 장점보다는 단점을 더 큰 관심을 가지고 바라보고
그것을 뒤에서 손가락질하는 일은
더 큰 폭력이 되는 것이다.

고요한 시간 갖기

잠시라도 조용히
자신의 마음과 함께하는 오붓한 시간을 가져 보아라.
햇살이 밤새 차디찬 서리에 덮여 얼어붙어 있던
상사화 꽃잎을 연인처럼 어루만지고 쓰다듬어 주듯이
그대의 현명하고 자애로운 영혼으로
삶의 길에서 무수히 짓밟혔을 상심한 마음을
살며시 소중하게 위로하여 주어라.
세상에 대해 많이 알고 관찰하고
자신이 전공하는 분야에 대해
낱낱이 공부하는 것도 중요하지만
먼저 자신의 마음속은 지금 어떤 상태인지
어떤 기분인지 파악하는 게
그보다 백 배는 더 중요한 일임을 잊지 말라.

마음 사랑하기

자신의 마음을 사랑하라.
살아있음으로 인해
겪을 수밖에 없는 행복한 일들과
또한 불행의 다양한 경험들조차
묵묵히 순진하게 받아내고 있는
침묵의 성자인 마음
인간이 인간다울 수 있는 단초를 제공하는
불가사의한 수천만 개 감정의 별들이
찬란하게 빛나고 있는 아름다운 천상
그대의 마음에게 지그시 물어볼 수 있겠는가?
"지금 어떠니? 내가 너와 함께 해줄게" 라고
그러면 마음이 수줍게 대답할 것이다.
"고마워. 오랜 시간 동안 널 기다렸어" 라고

배우기

1센티미터도 채 안 되는 가볍고
작은 몸뚱이를 지니고서
날개가 바스러질 만큼 열심히 움직여서
인간들이 먹고 버린 음식이라도
감사히 여기며 찾아 먹는
파리에게서 배우자.
자신의 삶에 대한 불꽃처럼 뜨거운 의지를
어디론가 끊임없이 기어가기에 바쁜
눈에 잘 띄지도 않는 미미한 몸을 가지고
저렇게도 열심히 살아가는 개미에게서 배우자.
주어진 상황에서 최선을 다할 때
한 생명이 얼마나 아름다울 수 있는가를

현재에 살기

어제의 그늘에 살고 있거나
내일의 허상 속에
살고 싶어 하는 사람이 있다면
그는 진정한 마음의
평화를 이룰 수가 없을 뿐만 아니라
행복이란 축복도 온전히 누리지 못할 것이다.

가장 소중한 순간

기억하라.
그대가 살고 있는 건 지금 현재이다.
어젯밤에 수많은 인파가 운집한
광장에서 머리채를 부여잡고
처절하고 리얼하게 원수와 싸웠다고 해도
그건 지나간 과거일 뿐이며
내일 낮에 길거리에서 오토바이를 탄 강도에게
가방을 강탈당하게 된다고 해도
그건 아직 벌어지지 않은 미래의 사건일 뿐이다.
우리가 마음껏 호흡하고 생각하고
자유로운 자아를 만끽하고 있는 건
지금 이 순간 오늘인 것이다.
그러므로 그대에게 가장 소중한 순간은
어제의 화려했던 기억도 아니고
내일의 모호한 예상도 아니며
오늘 지금인 것이다.

오늘 하기

마음의 중심축을 오늘에 굳건히 두어라.
하고자 하는 일이 있는가?
그 일은 오늘이 하기에 가장 적합한 날이다.
만나고 싶은 사람이 있는가?
오늘이 그 사람을 만나
그동안 못다 한 사랑을 표현할 절호의 날인 것이다.
내일은 지구가 소행성과 충돌해
순식간에 멸망할 수도 있지 않겠는가?
십 년 전에 싸운 친구와 아직도 화해하지 않고
서먹서먹하게 지낸다면 그대가 아직도 십 년 전
과거 속에 갇혀서 살고 있다는 증거이다.
오늘이란 따사로운 시간 안에서 온전히 살 수 있는 사람은
몸과 정신 모두를 오늘이란 영역 안에 둘 수 있는 사람이다.
아무리 거센 바람이 불어도
헛되이 흔들리지 않는 푸른 소나무처럼 오늘이라는
대지 위에 영혼의 뿌리를 내리고 스스로를 굳게 지켜라.

즐거운 마음 가지기

유사한 모양의 과자가 있다.
맛있는 과자와 맛없는 과자가
식탁 위에 놓여 있다면
제대로 된 미각이 있는 사람이라면
누구나 맛있는 과자를 선택해 먹을 것이다.
그런데 왜 우리들은 어떤 일을 할 때
의도적으로 인생에서 가장 맛있는 감정
행복을 선택해 일하려 하지 않는가?
즐거운 마음가짐으로 자신이 하는 일에 몰입한다면
무슨 종류의 일을 하든지
그 순간에 충분히 행복한 감정을 느끼게 될 것이다.

틀 깨기

삶이란
자신의 고정된 습관의 틀을
깨고 나와야 하는
다소 버거운 과정일 수도 있다.
그러나 반드시 그 틀을 깨고
나와야만 하는 이유는 명확하다.
그렇게 함으로써 그대의 남은 인생이
더욱 행복해질 수 있기 때문이다.

관점의 차이

그는 흙먼지가 덕지덕지 묻은 빗자루를
깨끗이 털어내면서 스스로에게 다짐했다.
"그래, 어차피 해야 하는 일이라면 즐겁게 해보자."
그러자 방금 전까지도 한없이 귀찮고
한순간도 같이 있고 싶지 않던 퇴색한 은행잎들에게서
오래된 세월의 향기가 아련히 나는 듯했다.
그는 그 향기를 폐부 깊숙이 들이마시며
부드러운 손길로 애무하듯 청소를 시작했다.
지금 머릿속에는
오늘 밤 친구들과의 얼큰한 술자리에 관한 상상도 없고
은행나무에 대한 턱없는 원망도 없다.
오직 노란 함박웃음을 머금고 있는
자연의 벗 은행잎들과
제 임무에 충실한 빗자루와
청소라는 행복한 일에 몰입해
즐거운 자신이 있을 뿐이다.

고민 버리기

지금 혼자만 간직하고 있는 말 못할 고민이 있는가?
더 이상 고민할 필요가 없다.
고민은 사랑하면 할수록
죽음의 늪으로 서서히 잡아끄는
나르시스 앞에 놓인 물과 같이
자신의 영혼을 소리 없이 갉아먹는
악마의 감미로운 유혹이다.
고민을 하고 있다는 건
현재의 삶을 이탈해 자신의 영혼이
혼란과 불안의 세계를 하염없이
서성거리고 있음을 의미한다.

내 마음 다스리기

타인의 잘못을 고치려 하지 말고 내 마음을 바꾸는 것이
현명하게 인생을 살아가는 방법이다.
가장 우아하고 품위 있는 복수의 방법이 있다.
당신이 그들을 그냥 용서해 주면 되는 것이다.
굳이 사랑까지는 할 필요 없지만
그래도 마음이 허락한다면
그들을 사랑해 줘도 나쁘진 않다.
끈질기게 이유 없이 고통을 주는
그들을 용서해 주는 것은
극도의 인내심과 자제력이 요구되는
험난한 고행의 시간이 되겠지만
그러한 모든 것들을 감수하고서라도
그럴 필요가 있는 일이다.
그것은 그들을 위해서이기도 하지만
바로 스스로를 위해서 할 수 있는
마음의 평화를 이룩하기 위한 최고의 선물이기 때문이다.

신기한 일들

세상에는 불가사의한 일들이 많이 일어난다.
과학적으로는 도저히 규명할 수 없는
초자연적 현상들이
이루 헤아릴 수 없이 많이 일어나고 있다.
미국 루이지애나주 칼카슈 호수에서는
인형처럼 예쁜 분홍돌고래가 발견되었고
또 어느 나라에서는 닭이 녹색 알을 낳는가 하면
나무가 돌이 되어버리는
상상 이상의 놀라운 일이 벌어지기도 한다.
신비로운 수호신의 존재도 마찬가지다.
연모하는 자에게는 보일 것이나
헛된 것이라고 치부해 버린다면 아무것도 아닐 수 있다.
자, 이제 우리는 눈에 보이는 것만
존재한다고 단언하지 말자.
인간의 눈에는 보이지 않는 미지의 세계가
분명히 실재하고 있다고 나는 생각한다.

다시 일어서는 용기

이것이 정녕 마지막이라는 생각이 들 때 다시 일어서라.
돈이 없다면 자신이 할 수 있는
최소한의 일거리라도 찾아서 하라.
얼마를 버느냐가 중요한 것이 아니라
무슨 일인가를 할 수 있다는 사실이 더 중요하다.
아무리 하찮아 보이는 일이라도
내가 그 일에 열정을 쏟아부을 수 있다면
그 누구도 그대를 함부로 대할 수 없을 것이다.
용기를 내고 희망을 가져보자.
우물의 가장 밑바닥에서 올려다보는 하늘이 더 높고 푸르듯
인생의 가장 낮은 곳에서 용감하게
다시 일어서서 되찾은 행복의 별이
가장 아름답게 빛나는 법이다.
이것이 마지막이라는 생각이 들 때
자신을 구속하는 모든
부정적인 기운을 떨치고 다시 일어서라.

축복

곧고 쭉 뻗은 멋진 두 다리를 이용해

꼿꼿이 대지를 밟고 설 수 있고

수정 유리알처럼 총명한 두 눈망울로

꽃들의 향연과 파랗게 풀어진

하늘 구름들을 바라볼 수 있고

새싹처럼 싱그럽게 돋은 두 귀로

가슴을 애틋하게 적셔주는

감동적인 음악을 들을 수 있다는 것이

얼마나 큰 축복인지를 잊고 살지는 않았는가?

삼백예순 날 뼈마디에 슬픔이 젖어 들어와도

그대가 건강한 육체와 건전한 정신으로

지금 이렇게 존재한다는 것에 대해 만족하라.

빗방울 이야기

빗방울, 어디에서 오는 걸까?
저 시원을 짐작할 수 없는
투명하고 빛나는 청초한 아름다움들
당신도 나처럼 비 오는 날 빗방울들을 바라보면
가슴이 두근거리고 아득해지지 않는가?
자꾸만 옛 생각이 칡넝쿨처럼
끝없이 주렁주렁 엮어져 나오고
가만히 앉아 있어도 살며시 눈물이 나기도 할 것이다.
그러한 마음은 지극히 순수한
영혼의 소유자이기에 나타날 수 있는 현상이다.
인간은 모두 순수한 마음을 지니고 이 세상에 찾아왔다.

인생의 법칙

어떤 계기로 마음의 살이 찢어졌다면
그것을 꺼내어 자꾸 들추어 보지 말고
피가 멈출 수 있는 시간과
상처가 아물어 갈 만큼의
넉넉한 기다림을 지녀야 할 것이다.
얇은 책장에도 이렇게 불현듯 손이 벨 수 있는 것처럼
전혀 예상하지 못한 상황에서도 우리는
고난과 마주치게 될 수 있음을 기억하라.
인생의 기쁨 뒤에는 반드시 슬픔이 기다리고 있고
고요함 뒤에는 서서히 거대한 폭풍우가 몰려오고 있다는
사실을 늘 잊지 말아야 할 것이다.

무조건적인 사랑

우리는 꽃에 대해서는 그가 우리에게 구체적으로
어떤 것을 해주기를 기대하지 않고 사랑한다.
꽃의 고운 자태와 은은한 미소와 향기만으로도
우리는 자발적으로 꽃을 사랑한다.
우리는 바다에 대해서도 대가를 바라지 않고 사랑한다.
바다가 우리에게 오징어나 꽃게 등 실생활에 필요한 먹을 것을
식탁으로 무료로 보내주거나 돈을 입금해 주지 않아도
심지어 바다 근처에 가본 적이 없는 사람도 바다를 사랑한다.
자신이 병원에 입원해 있는데
바다가 병문안을 오지 않는다고 해서
바다에 대해 천 년 동안 피맺힌 원한을 품지도 않는다.
그저 푸른 물결 넘실거리는
아름다운 그 모습이 좋아서 사랑하는 것이다.
꽃을 사랑하듯 바다를 사랑하듯
그 사람이 같은 하늘 아래 함께하고 있다는 사실만으로도
고마워하며 온전히 사랑할 수는 없을까?

존재 인정하기

그 사람이 같은 시간 같은 세상에
공존하고 있다는 사실 하나만으로
오직 그 이유 때문에 기꺼이 사랑해 줄 수 있을 만큼
그대의 마음이 넓어진다면 누군가를 사랑한다는 것이
그리 거창하고 어려운 일은 아니라는 것을 깨닫게 될 것이다.
사람을 사랑한다는 것은 대단한 수련의 힘이 필요한 것이 아니다.
그의 존재를 인정해 주는 아주 작은 일에서부터
비롯되는 누구나 할 수 있는 일이다.
그러나 진실로 그렇게 행할 수 있는 사람이 드문 요즘 세상이므로
그런 행동을 하는 이는 존경받을 만한 가치가 있다.
그대는 가뭄에 내리는 단비처럼
모든 사람을 공평하게 사랑해 주는
천사와 같은 마음을 지닌 사람이 되길 바란다.
그렇게 한다면 그대가 마흔이 되고
쉰이 되고, 여든 살이 되어도
인생이 고단하거나 괴롭다는 생각은 들지 않을 것이다.

비난의 효과

아이를 소심한 성격을 지닌
사회의 낙오자로 만들고 싶은가?
그렇다면 사랑하는 아이에게
간식을 주듯 비난을 선물하라.
배우자를 극심한 우울증에
최대한 빨리 걸리게 하고 싶은가?
그렇다면 사사건건 트집을 잡아
눈을 희번덕이며 비난해 보라.
부하직원이 그대를 미칠 만큼
증오하도록 유도하고 싶은가?
그렇다면 무슨 일을 하든지 빠짐없이
비난을 보너스로 살뜰하게 챙겨주어라.
이렇듯 비난의 효과는 놀라울 정도로 무궁무진하다.

즐겁게 지내기

괴로운 일이 자신에게 생겼다고 해서
꼭 살이 뭉개지고
관절이 꺾이는 아픔을 호소하며
좌절할 필요도 없다.
슬픈 일은 슬픈 일대로
생을 다하도록 내버려 두고
괴로운 일은 괴로운 일대로
생을 마치고 소멸하게 내버려 두라.
기쁘고 즐거운 일들에 더 민감하게 반응하는
아름다운 그대가 되길 바란다.
그렇게 내면에 있는 영혼의 안테나를
즐거움의 주파수에 맞추고 살아가면
입가에 늘 향긋한 미소가 감돌게 될 것이다.

인간에 대한 연민

타인으로부터 비난을 들을 때
그대의 심경은 어떠했는가?
손발이 부르르 떨리고 심장이 오그라들고
참을 수 없이 치욕적이었을 것이다.
입술에서 부정적 기운이 가득한 비난의 말이
세상 밖으로 뛰쳐나오지 않도록
매일 인간에 대한 연민을 묵상하라.
마음 상자 안에서 비난이란 말이
어느덧 사라지게 된다면
입 밖으로 나올 비난의 말도
자연히 자취를 감추게 되는
기적이 일어날 수 있을 것이다.
비난으로부터 자유로워질 수 있다면
행복을 위한 바탕인 마음의 평화도 한층 더 자주
경험하게 된다는 사실을 기억하라.

의지를 지녀라

혼자라는 것
험난한 이 세상을 헤쳐 나가기에는
참 외로운 숫자이기도 하다.
하지만 세상에 태어날 때 우리는 혼자였고
떠날 때도 역시 혼자이다.
그러므로 혼자서도 두려움을 이겨내는
지혜를 가지는 것은 삶을 행복으로 이끌어갈
든든한 추진력을 얻게 되는 일이다.
인생에는 두려운 일이 무수히 많이 분포되어 있다.
그러나 두렵다고 해서
어떤 일을 계속 회피하고 외면하고 살아간다면
발전할 수 없고 나약해질 수밖에 없을 것이다.
우리가 아기였을 적에 넘어지면 아플 것을 알았지만
두 발로 서서 걷기 위해 다치고 쓰러져도 다시 일어섰듯이
굴복할 수밖에 없어 보이는 극한의 두려움도
이겨낼 수 있는 의지를 지녀야 한다.

나를 위한 주문

인생의 밤길을 홀로 걸을 때
두려워지거든 스스로에게 주문을 외워라.
"난 두렵지 않아.
무덤 같은 어둠이 있어야
낙원 같은 밝은 태양이 떠오르잖아.
이 어둠은 내 인생에 꼭 필요한 자양분이 될 거야.
나의 영혼은 지금의 어둠으로 인해
더 넉넉해지고 고양되게 될 거야.
나는 이토록 고마운 어둠을 사랑해."
그렇게 하면 어둠은
더 이상 두려운 그 무엇이 아니라
고맙고 사랑스러운 삶의 동반자가 될 것이다.

두려움에 대하여

인간은 살아가면서
두려움과 수시로 대면하게 되어 있다.
처음 운전을 배울 때도, 맞선을 보러 나갈 때도
회사에서 명예퇴직을 권고받았을 때도
그만큼씩의 두려움을 느낄 것이다.
그러나 행복하길 추구하는 사람은
두려움 앞에 당당해질 것이다.
고개 숙이고 눈물 흘리기 이전에
자신이 가지고 있는 능력에 대해 확신하며
불안과 절망 앞에 결코
맥없이 무릎 꿇지 않을 것이다.

책의 값어치

좋은 책은 읽으면 읽을수록
더 크고 깊은 감동을 주는 매력을 지녔다.
책 표지가 너덜너덜해질 지경이 되었지만
내가 힘들었던 시절에 커다란 위안이 되어준
책이기에 가장 아름다워 보인다.
여러분도 한 번 읽었으므로
그 책을 다 안다고 생각하지 말고
느낌이 좋았던 책은 다음에 또 읽어보길 바란다.
벗기면 벗길수록 우윳빛 속살을 수줍게 드러내는 양파처럼
책은 그대에게 읽을 때마다
진한 감동과 영혼의 떨림을 선물해 줄 것이다.
애인보다 책을 더 가까이하라.
인생의 본질을 꿰뚫어 볼 수 있는 최고의 가르침들이
거기에 고스란히 들어 있다.

미소의 힘

어떤 일을 하든지
어디에 가든지
누구를 만나든지
어떤 사건과 대면하게 되든지
가슴속으로 진정 하나의 티끌도 묻어 있지 않은
행복한 미소를 지어라.
겉으로 드러난 미소처럼
타인을 의식한 화려한 미소가 아니어도
마음속으로 가만히 미소 지으며
그 순간 살아있음의 축복을
헤아릴 수 있을 정도이면 된다.

인생의 처세술

너무 똑똑해지려고 애쓰지 말라.
그대가 유능해질수록
그대를 시기하는 자들의 눈빛은
더욱더 날카로워질 것이다.
너무 잘나져 버린 그대가
어쩌다 실수라도 하는 날이면
그들은 굶주린 늑대 떼처럼 우르르 달려들어
그대가 애써 쌓아온 좋은 평판들을 갈가리 찢어놓을 것이다.
인생에서 한 발짝 빠져나와 자신의 자리를 바라보라.
때로는 백치처럼 텅 빈 마음으로 지내보면
살면서 그렇게 애써 안달할 일도
가슴 태울 일도 없다는 것을 알게 될 것이다.
고요히 우주의 강물 속을 헤엄쳐 가는 은하수처럼
인생은 우리들의 잘나고 못난
모든 것들을 껴안고 천천히 움직이고 있다.

시간 속에서

누군가를 향한 처절한 증오나 원망도
누군가를 향한 만화 같은 순진한 동경도
시간이 지나고 세월이 흐르고 난 후에 보면
조금씩 빛바래 있기 마련이다.
강물이 서서히 광활한 바다에 닿아가듯이
인간의 일생도 천천히
시간의 바닷속을 유영하고 있기 때문에
변하지 않는 것 또한 없는 것이다.
유일하게 변하지 않는 건 아마 시간뿐인지도 모른다.
어떤 것에 무리하게 집착하지 말라.
영원히 우리들이 소유할 수 있는 것은 없으니까.

인생의 진리

그대와 내가 영원히 이 땅 위에 살 수 없듯이
다른 것들도 영원히 존재할 수 없음을 기억하라.
내가 가진 소유물들에서 홀연히 욕심의 갈퀴를 거두어들이면
마음이 참으로 편안해짐을 느낄 수 있다.
어느 날은 비록 내 것이었지만 그것은 잠시일 뿐
또 어느 날은 다른 사람의 품으로
돌아갈 수도 있음을 깨달아야 한다.
오늘은 나와 함께 이토록 다정하고 살갑게 지내고 있지만
어느 날 갑자기 불시에 내 곁을 떠나가거나
내가 그들의 곁을 떠나갈 수도 있음을 늘 유념해야 한다.
집착하지 말라.
연인에 대해서도 자녀에 대해서도
물질에 대해서도 타인에 대해서도
모든 걸 그 자리에 그냥 편안하게 놓아주어라.
소유하려 하지 말고 내 것이라는 붉은 딱지를
굳이 붙이려 하지 말라.

사람을 대할 때 장미꽃을 대하듯 하라

장미꽃은 정원에 살포시 피어 있을 때
가장 아름다운 향기를 뿜어낼 것이다.
그 자리에 그렇게 피어 있는 것만으로도
누군가의 가슴을 훈훈하게 데워줄 수 있는 장미꽃처럼
내 것으로 낙인찍으려 하지 말고
그곳에 그대로 놓아두고서 사랑할 수 있어야 한다.
욕심을 버리고 놓아주어라.
그대가 인지하는 모든 대상들을 관대한 마음으로 바라보며
그들이 충분히 자유로울 권리가 있음을 인정해 주는 것이다.

이별의 미학

우리가 살아있는 동안엔
수없이 많은 것들과 이별해야만 한다.
그대는 지금까지 얼마나 많은 것들과 이별했는가?
셀 수 없을 만큼 어마어마한 횟수가 될 것이다.
타고 온 버스에서 내리는 것도
버스와의 이별이라 할 수 있고
밥을 먹고 식탁에서 물러나는 것도
식탁과의 이별이라 할 수 있으니
그 모든 것들을 합한다고 하면
지구를 몇 바퀴 돌고도 남을 엄청난 숫자가 될 것이다.
그 어느 것도 내 것은 없다고 생각하라.
그러면 이 세상 누구보다 마음이 평화로운 사람이 될 수 있다.
'나' 하나면 충분할 것이므로
스치는 모든 것들을 꿈길에 만난 덧없는 것들이라 생각하라.
그러므로 그것들이 사물이거나 현상이거나
한없이 차분한 시선으로 마주하라.

영혼의 행복을 얻는 법

오늘은 나의 소유물일지 몰라도
내일이면 나와는 전혀 상관없는 관계가 될 수 있다.
이 세계의 모든 것들은 서로 공유하는 것이다.
나의 것들을 타인과 매일매일 즐겁게 공유하는 것
그것이 바로 인생이다.
영원히 소유할 수 있는 것은 아무것도 없다는 사실을
애통해하지만 말고
친절한 마음으로 자신이 지닌 것들을
꼭 필요한 이들에게 나누어 줄 때
그대가 유일하게 영원히 소유할 수 있는 단 한 가지
영혼의 행복을 오래도록 느끼게 될 것이다.

누구나 상처를 입는다

구름은 어느 날은 하얗고 보송보송한 솜털처럼
보드라운 모습이었다가도
또 다른 날은 시커멓고 우울하기 그지없는
검은 옷을 입은 먹구름이 되기도 하고
별은 생성과 소멸을 반복하는 우주의 법칙에 따라
밤하늘에 영롱하게 반짝이다가도
언젠가는 빛을 잃은 유성이 되어 소멸되어 가기 마련이다.
생각할 수도 없고 느낄 수도 없는
구름과 별도 그러한 상처가 있는데
하루에도 수백만 가지의 생각을 하며
모든 것들을 섬세하게 느낄 수 있는 인간이
상처를 입지 않고 흉터 하나 없이 살 수가 있겠는가?
그대에게도 그리고 나에게도 상처는 있다.

인생의 흉터 치료법

기억하라.
인생의 흉터는 자기 자신이 치료해 주어야 한다.
친구가 아무리 그대와 가깝게 지내고
속속들이 모든 것들을 공유해 왔다고 해도
그대의 흉터까지 치료해 줄 수는 없다.
왜냐하면 인생의 흉터에 대한 책임은
오로지 자기 자신에게 있기 때문이다.
자신만이 그 흉터가 왜 생겼는지 발병 원인을 알고 있으며
그 흉터가 어떤 과정으로 인해
성장했는지 자세한 경과를 알 수 있다.
겁내지 말라.
그대는 충분히 자신이 지닌 흉터들을 완치시킬 수 있다.
썩어가는 살 속에서 새싹처럼
부드러운 새살이 돋아나게 할 수가 있다.
인생의 아픈 흉터들을 치료하는 방법은 실로 간단하기 그지없다.
그것은 잃어버린 자긍심을 찾는 일이다.

여유로워지기

어떤 시험에 여섯 번 도전했지만
한 차례도 합격하지 못했다고 해도
비록 여섯 번이나 실패했지만
그로 인해 배운 점이 더 많았다고
스스로를 위로하고
용기를 북돋아 줄 수 있는 여유로움을 지녀라.
그런 마음 자세를 지니고 도전한다면
일곱 번째 시험에서는 분명히
합격이라는 영예를 안을 수 있을 것이다.

시련을 이기는 핵심

자신을 세상에서 가장 많이 존경하고

당차게 자긍심을 갖는다면

인생의 어떤 지독한 시련도

이겨낼 수가 있을 것이다.

시련을 이기는 가장 핵심적인 기술은

바로 스스로를 믿는 일이다.

나는 무엇이든 할 수 있고

마땅히 행복해질 수 있다고

적극적으로 믿어줄 수 있다면

시련은 더 이상 생성되지도 번식하지도 못할 것이다.

음악이 주는 치유

물에 흠뻑 젖은 솜이불처럼
기분이 가라앉는 날이나
슬픔의 휘장에 갇힌 듯 울적할 때
나는 음악을 듣는다.
즐거운 일이 생기거나 행운이 가득한 날에도
나는 어김없이 음악을 듣는다.
지금도 귓가에는 감미롭고 촉촉하고 달콤한 음악들이
날개를 팔랑이며 살랑살랑 나비처럼 춤을 춘다.
영혼의 모서리를 간지럽게 하는 결 고운 음악의 입자들
마음이 어지러운 날에는 볼륨을 높이고
사랑이 가득한 음악을 들어라.

고고하게 살아라

꽃에는 많은 이들이 사랑하는
매혹적인 향기를 지닌 장미가 있는가 하면
도무지 이름도 알 수 없는 무명의 야생 들꽃도 있으며
호박꽃처럼 못생긴 사람들에게
놀림감의 대명사로 지칭되는 꽃도 있다.
그런 여러 종류의 꽃이 조화를 이루며
지표 위에 공생하고 있는 것이다.
그러나 자신의 존재를 몰라봐 준다고 불만을 품고서
들꽃이 들꽃이기를 거부하거나
자신의 명예를 더럽힌다고
어느 날 호박꽃이 코스모스로 돌연 변신하는 일은 없다.
얼마나 주관 있고 고고한 삶들인가?

여행의 이유

가을날 스산하게 부는 예기치 못한 돌개바람처럼
우리의 가슴에 예고 없이 불쑥불쑥 찾아오는
지극히 쓸쓸한 얼굴의 손님
초췌한 차림새의 그 손님은
항상 그리움이란 짙은 그늘을 동반한다.
누군가가 보고 싶고
누군가가 자꾸만 어렴풋이 떠오르는
막연하지만 하염없이 애잔한 감정
외로움이 그렇게 당신을 찾아오면
망설이지 말고 여행을 떠나라.

편안해지는 순간

차창 밖으로 스쳐 지나가는
아름다운 자연의 풍경들을 바라보고 있노라면
그동안 가슴 안에 맺혀 있던 자잘한 근심거리들이
사르르 녹아내리는 것처럼 마음이 편안해진다.

좌절은 금지

지금 불공평한 세상에 대해

분노가 치밀어 오르는가?

지금 산다는 게 지겹고

그만 생을 포기하고 싶은가?

지금 왜 나는 이 세상에 태어났을까?

회의적인 생각에 사로잡혀 있는가?

그대는 이 세상에 꼭 필요한 사람이므로 태어난 것이다.

풀 한 포기도 제 존재를 감사히 여기면서

오늘도 가늘고 야윈 뿌리로 초록빛을 밀어 올려

세상을 아름답게 꾸미고 있지 않은가?

그런데 영특한 머리

누구보다 따뜻한 가슴을 지닌 그대가

지금 좌절한다는 것은 있을 수 없는 일이다.

그대는 이 세상에 없어서는 안 될 가치 있는 존재이다.

세상에서 가장 존귀한 한 사람인 것이다.

자부심을 가지고 씩씩하게 살아가라.

명랑하라

매력적인 사람은 명랑하다.
음울하고 찌푸리길 좋아하는 사람이 매력적으로 보이기는
마른하늘에서 돈다발이 무더기로 떨어질
확률만큼이나 희박할 것이다.
그런데 여기서 명랑하다는 말은
분위기에 따라 적절하게 명랑한 것을 의미한다.
시도 때도 없이 자기 흥에 도취된 채 까불거리는 행동은
명랑이 아니라 주책이라 할 수 있겠다.
물론 조용하고 차분한 분위기를 지닌 사람도
충분히 매력적으로 느껴질 수 있다.
그런 이들에게는 겉으로 드러나지 않는
내면의 명랑함이 반드시 있을 것이다.
삶을 긍정적으로 바라보고 아름다운 것을 아름답다고 느끼며
사람들을 편견 없이 사랑하는 마음을 지니고 있음은 물론이다.
겉도 고요하고 속도 한없이
고요하기만 한 사람은 자칫 침체될 수도 있다.

아름다운 사람

자학하거나 지나치게 소심하지 않고

모든 일에 있어서 적극적이고 능동적인 사람

그가 하는 일이 어떤 일이건 비록 세상 사람들이

모두 깔볼 만한 천한 직업을 지녔다고 해도

긍지와 자부심을 느끼고

최선을 다하는 모습은 누가 보더라도

아름다운 모습일 것이다.

창의적인 사람

머릿속에 간절히 소망하는 꿈이 있고
상상력이 풍부해서 무에서 유를 창조하고
절망적인 상황에서도
기어코 희망의 별을 찾아내는 사람
인생을 용기 있게 개척할 수 있는 그런 사람
우리가 타고나는 유전자는 각기 다를 수밖에 없다.
그래서 사람마다 사물을 바라보는 시각이 다를 수밖에 없다.
창의적인 사람은 그런 차이를 존중하며
자신의 영감으로 세상을
아름답게 채워줄 것들을 발견해 내느라
밤낮없이 수고를 아끼지 않는다.
창의적이라는 것은 자신의 잠재력과 열정을 믿고
꿈의 날개를 펼칠 수 있는 사람이란 말과도 같다.

매력적인 사람의 조건

마음의 광활한 초원 위에
착함과 긍정의 씨앗을 뿌려라.
한 알의 꽃씨가 움트고 자라나 향긋한 꽃이 피면
사방에서 나비와 꿀벌들이 날아들어 오듯이
그대 주변에 많은 사람들이
착함의 향기에 취해 찾아들 것이다.
매력적인 사람이 되고자 인위적으로 꾸미지 않아도
항상 마음을 맑게 하고
세상에 존재하는 생명과 생명 아닌 것들을
존경과 사랑의 마음으로 대할 수 있다면
그대는 반드시 매력이 넘치는
멋진 사람이 될 것이라 확신한다.

사랑의 효용성

풋풋하고 젖내 나는 소녀에게나
90이 넘은 호호백발 꼬부랑 할머니에게나
사랑이란 말은 백 번 들어도 가슴 설레는 단어이다.
수많은 예술작품들은 사랑을 주제로 만들어져 왔고
지금도 만들어지고 있으며
인간에게 정신적 양식의 역할을
충실히 수행할 수 있을 만큼
사랑은 삶의 커다란 부분을 차지하고 있다.

사랑한다면 이렇게 하라

그대가 어떤 상황에 놓여 있든
나는 권유해 주고 싶다.
그 여자를 또는 그 남자를
"더없이 열렬히 사랑하십시오"라고
생활이 무기력해지고 타성에 젖어갈 때
그때가 바로 열꽃처럼
뜨거운 사랑의 손길이 필요할 때인 것이다.
부끄러워하지 말고 그대의 마음에
고요히 파문을 일으킨 그 사람에게 다가가라.
사랑은 표현하는 것이다.
좋아한다고 고백하다가 그만 얼굴을 노을처럼
붉히고 만다고 해도 어떠하겠는가?
사랑을 하는 사람은 무슨 행동을 하든
아름다워 보일 수 있다.

전화하고 싶은 사람

전화를 하면 봄 햇살 속에
피어나는 보드라운 아지랑이처럼
포근한 음성으로 살갑게 반겨주는 사람
말 한마디 한마디에 애정을 듬뿍 실어
감칠맛 나고 다정하게 하는 사람
지치고 힘겨운 내 마음을 나보다 더 잘 이해해 주고
위로와 용기를 주는 사람
희망과 의욕이 넘치는 활기찬 에너지를 지닌 사람
이런 사람들은 틈만 나면 전화하고 싶고
견딜 수 없을 만큼 가까이하고픈 사람이 될 것이다.

언어의 힘

수화기 너머로 떠나보내는 나의 언어가
그에게는 칼날처럼 날카롭고
아픈 가시가 될 수도 있고
향기롭고 아름다운
꽃이 될 수도 있다는 사실을
항상 기억해야 한다.

기억의 본질

우리의 기억은 쉴 새 없이 흘러가는
도도한 강물과 같아서
인위적으로 제어할 여유조차 없이
매 시각 다른 색깔로 변화해 간다.
사는 게 그러하듯이 갖가지 사건 사고들로 인해
인간의 기억은 때로는 상처받고 때로는 왜곡되며
그로 인해 조금씩 순수의 본질이
훼손되어 간다.
꼭 잊어야만 하는 잊고 싶은
그런 과거는 어쩐 일인지 잊혀지지 않고
시간이 지날수록 더 선명하게 떠올라 우리를 괴롭힌다.
잊어버리고 싶다.
다 잊어버리고 싶다 하는 일들이 얼마나 많은가?

날마다 행복해지는 비법

기억이란 현재가 쌓이고 쌓인 시간의 퇴적물들이다.
그대가 지금 괴로움에 몸부림칠 것 같은
고통스러운 기억들로 힘들다면
그것은 그대의 과거가 어둡고 음산했기 때문이다.
내일의 행복한 기억은
오늘의 행복한 하루가 확실히 보장한다.
이제 그대는 새로운 시각을 지녀야만 한다.
눈에 보이는 세상만을 보는 것이 아니라
눈에 보이지 않는 세상을 찾아서 볼 수 있는
세밀한 혜안을 키워내야 한다.

진정한 애국심

나는 대한민국을 진정 사랑한다.
이렇게 좋은 나라에서 태어난 사실을
매번 생각할 때마다
고마움에 가슴이 벅차오른다.
봄이면 향기로운 꽃향기에 취하고
여름이면 초록빛 세상의 싱그러움에 반하고
가을이면 흩날리는 단풍잎 한 장에 감동하고
겨울이면 하얗게 쏟아져 내리는
눈꽃의 순결함을 보고 전율한다.

소소한 기쁨의 가치

사소하지만 그대의 얼굴에

저절로 미소가 피어나게 할 수 있는 일들을

하루에 몇 가지만이라도 실천해 보는 건 어떨까?

하늘 바라보기

꽃의 향기 맡아보기

길가에 버려진 쓰레기 줍기

무거운 물건을 들고 가시는 어르신 도와드리기

밤하늘의 별들이 몇 개인지 헤아려 보기 등

간단하고 그리 힘이 드는 일은 아니지만

소소한 기쁨들이 모여서

큰 행복의 기억이 될 수 있다.

좋은 추억 만들기

오늘의 좋은 기억들은
내일의 좋은 추억이 되고
오늘의 불쾌한 기억들은
내일의 고통스러운 기억이 될 수도 있음을
늘 유념하면서 하루하루 긍정적이고
행복한 일이 일어날 수 있도록 노력하자.

삶을 해석하는 법

하나라도 놓치고 가기엔
우리의 인생은 눈물겹게 짧고 아쉽다.
오늘이란 시간을 헛되이 보내지 말고
가능한 한 좋은 일이 일어날 수 있게
자신의 삶을 지혜롭게 조절하라.
어떤 일이 일어나느냐 보다 중요한 것은
어떻게 자신이 그 일을 해석하느냐이다.
추함에서 아름다움을 발견할 수 있고
고통 속에서 기쁨의 신원을 유추해 낼 수 있기를 바란다.
그대의 기억들이 바로 그대라는 사람을 이룬다.
과거나 현재나 다가올 미래는
자신이란 존재의 소중한 조각들이다.
보다 많은 것들을 기억하라.
그 기억이 행복한 그림을 완성시키는
선택받은 퍼즐들이 될 수 있도록
점점 더 큰 사랑에 가까워지는 연습을 하라.

원수를 대하는 법

자꾸만 싫어지는 그 사람과
다음에 또 만나게 되거든
더없이 환하게 미소 지어 주는 것이다.
마치 하늘에서 금방 내려온 귀여운 천사처럼
해맑고 오염되지 않는 미소로 반겨주는 것이다.
환하게 어두운 밤의 거리를 밝히며 떠오르는
황금빛 눈부신 태양처럼
그렇게 그대 마음속에 깃든 감정의 응어리들과
꼬인 감정의 선을 풀어낼 수 있는 미소를 지어라.
스스로에게 질문해 보라.
나는 진심으로 저 사람이 미운 것인가?
그렇게 자문해 본다면 그대의 선량한 마음은 분명히
그를 정말로 싫어하는 것이 아니라는 사실을
고백하고 말 것이다.

미운 사람에게 이렇게 할 것

보기도 싫은 그 사람을 만나거든
가슴에서 우러나오는 진한 사랑의 미소를 지어 주어라.
햇살도 반해버릴 만큼 요염하고 사랑스러운 미소는
그대의 내면 어딘가에 엉거주춤 웅크리고 있던
미움이라는 해묵은 감정을 서서히 사라지게 만들 것이다.
"난 네가 싫어" 라고 되풀이하지 말고
"난 널 좋아하고 사랑할 거야" 라고 기분 좋게 다짐해 보라.

고백할게요

당신은 정말 소중한 존재입니다.
내게는 이 세상 모두가
당신 한 분만을 위해 펼쳐진
한낱 배경에 불과할 뿐입니다.
당신을 만나게 되어서
내 삶은 벅찬 사랑의 기쁨과
만개한 꽃잎 같은 행복들로 가득 차게 되었습니다.
당신은 내가 지닌 전부를 지불하고서라도
함께 있고픈 아름다운 분이십니다.
내게는 오직 당신밖에 없습니다.
사랑합니다.

그대의 언어

솜사탕이 흐물흐물 녹아내리는 것처럼
달콤함의 절정에 이른 핑크빛 물든 목소리로
가만히 속삭여 보자.
듣는 이의 가슴 축을 뒤흔들고
새색시처럼 얼굴이 발그레 물들어질 수 있게
지고지순한 언어의 미립자들을 아낌없이 토해내 보자.
그렇게 함으로써 그대의 가슴에도 뜨거운 사랑의 물결이
걷잡을 수 없이 일렁이게 될 것이다.
신이 인간에게 사랑의 언어를 내어주신 것은
입술을 다물고 어둡고 습한 입속에
유폐시키기 위함은 아닐 것이다.
입술을 열어 이제 당신은
아름답고 순결한 언어들을 세상에 풀어 놓아야 한다.
그 상대는 그대의 용기 있는 고백으로 인해
살아서도 천국에 갈 수 있고
극락세계에 도달할 수 있다는 걸 느끼게 될 것이다.

나를 위한 위로는 내가 하면 된다

사랑의 언어는 죽은 자의 차디찬 심장을 깨워
뜨거운 온기를 불러일으킬 수 있을 것처럼
강렬한 감동을 안겨준다.
다른 이들에게만 그런 고백을 하고 입술을 닫지 말라.
아직 가장 중요한 이에게 고백을 하지 않았기 때문이다.
바로 자기 자신에게 해야 할 차례인 것이다.
"너는 정말 소중한 사람이야!
너는 정말 예쁘다.
너는 정말 잘생겼구나!
너는 정말 현명해.
네가 이 세상에서 최고야!"
다른 사람에게 그런 칭찬의 말들을
애처롭게 구걸할 필요가 없다.
누군가 자신에게 해줄 수도 있겠지만
가장 힘이 되는 것은
바로 자신이 자신을 인정해 주고 격려해 주는 것이다.

사랑해

"널 사랑해"라고
보고 싶었던 누군가여도 좋다.
평소에 소중함을 느끼지 못했던 누군가라면 더욱 좋다.
그 말을 듣는 순간
그는 이 세상에서 가장 대접받는
존귀한 사람으로 급 신분 상승이 될 것이다.
황금으로 만든 방석에 앉아서 매일 모멸감을 주는 말이나
부정적인 언어들을 듣고 사는 사람보다는
다 쓰러져 가는 단칸방에 살아도
매일 사랑한다는 말을 듣고 사는 게
사람답게 사는 것이고 행복한 것이다.
타인이 먼저 사랑한다고 말해주기를 기대하지는 않는가?
내가 먼저 사랑한다고 고백하는 건
결코 부끄럽거나 자존심을 꺾는 일이 아니다.
그렇게 말할 수 있는 사람은 오히려 자신감이 넘치고
마음이 여유로운 따뜻한 심장을 지닌 사람이다.

시련이 찾아오기 전에 대비하라

삶이 이렇게 역경의 끊임없는 반복이라면
위로만큼 가치 있고 필요한 게 어디 있을까?
뺨을 얻어맞고 무릎에
피멍이 드는 것 같은 굴욕감 속에서도
따뜻한 위로가 되어주는 무언가가 곁에 있다면
우리는 시련의 성난 물결을
꿋꿋이 헤쳐 나갈 수 있을 것이다.
태풍이 불어오기 전에 부지런한 어부들이
배를 부두에 단단히 묶어두고
기말고사를 앞둔 학생들이 코피가 터지는 줄도 모르고
밤을 새워 시험 준비를 하는 것처럼
그러한 인생의 고통과 시련의 폭풍우가 불어닥치기 전에
먼저 우리는 위로가 되는 것들을 찾아 놓을 필요가 있다.

인생의 속성

지금은 비록 잔잔한 호수와 같은
평화로운 일상이 유지되고 있더라도
언제 갑자기 눈보라가 몰아치고
흙먼지가 사방에 휘날리게 될지 모를 일이다.
그대가 오늘은 비록 비탄에 잠겨 있더라도
내일은 기쁨에 겨운 일이 일어날 수도 있고
오늘은 기쁨에 취해
세상을 다 가진 듯 행복하다가도
내일은 다시 눈물샘이 터질 만큼 괴로운 일이
일어날 수도 있다는 가능성을 늘 염두에 두어라.
그래야 불행에게 갑자기
뒤통수를 얻어맞더라도 당황하지 않고
그대가 지닌 고유의 침착함을 유지할 수 있을 것이다.

사랑의 관점 가지기

돈 없고 명예도 없고 가진 것도 없는
세상 사람들의 관점에서 보면
정말로 가난하고 불쌍한 이들에게
진심에서 우러나오는 친절을 베풀어 주어라.
그들은 결코 정신적으로 가난한 사람들이 아니다.
그대는 평범한 일반 사람들과는
다른 관점을 지녀야 한다.
물질적으로 빈곤한 사람이라고 해서
인격적으로도 곤궁하고 피폐해졌으리라고
속단하지 않기를 바란다.
사랑의 관점에서
그들을 바라보고 이해하고 껴안아라.

인간에 대한 예의

병들고 아픈 이에게
더욱 따스한 관심과 사랑을 나누어 주어라.
내가 오늘 먹을 단팥빵을 기꺼이 그에게 양보하라.
인간에 대한 최소한의 배려가 될 것이다.
그것은 또한 같은 시대를 살아가는
동지에 대한 도리이기도 하다.

존재의 이유

내가 지금 건강하고 돈이 부족함 없이 있고
편안한 잠자리가 있다고 해서
나보다 못한 처지의 이들을 깔보고 업신여길
권리까지는 없음을 기억하자.
집에서 기르는 동물에게도 먹이가 떨어지면 미안해하고
밥그릇 가득 다시 채워주는 친절한 우리가 아닌가?
하물며 같은 동족인 인간에게
더 많은 친절과 사랑은커녕
멸시와 의도적 방치로 일관한다면
얼마나 가슴 찢어지는 아픔인가?
사람에게도 동물에게도 식물에게도 그들만의 가치가 있다.
아프고 불쌍한 존재들을 자신의 피붙이를 대할 때처럼
다정하고 따스한 포용력으로 보듬어 주어라.
이 세상 모든 것들은 저마다
나름의 소중한 가치가 아로새겨져 있다.
그가 그곳에 존재하는 까닭이 분명히 있는 것이다.

모든 존재는 가치가 있다

산기슭의 돌멩이는 돌멩이대로
도로변의 플라타너스는 플라타너스대로
공부를 못하면 못하는 대로
사고뭉치면 사고뭉치대로
모범생은 모범생대로
길 잃은 아기 고양이는 아기 고양이대로
존재의 가치가 있다.
누구나 다 혼이 빠질 만큼
눈부시게 아름답기만 하다면 어찌 될까?
전교생이 다 성적이 100점 만점이라면 어떻겠는가?
땅바닥에 바짝 엎드린 지하실이 있으므로
고고한 자태의 옥상이 있고
발바닥이 있어야 몸 전체가 성큼 일어설 수 있는 것이다.
가장 하찮은 것이 가장 위대한 경우도 많이 있다.
누구든 맨 아래 단계에서부터
천천히 위로 올라가는 법이다.

사람을 존중할 것

사랑하는 이들을 더 이상
무관심의 그늘에 방치해 두지 말라.
그들의 마음을 읽을 수 있다면
어긋났던 관계도
최상의 우호적인 관계로 발전시킬 수 있다.
침착하고 관대한 지혜의 눈으로
그들의 마음을 읽고
그에 맞게 대해주어라.
개개인을 존중하고 이해할 수 있을 때
그들 역시 그대가 지닌
최후의 결점까지도
사랑하고 포용해 줄 것이다.

더 늦기 전에

평소와 달리 유난히 어깨가 처지고
눈가가 촉촉한 친구가 있다면
위로의 마음을 담아 어깨를 어루만져 주고
하는 일마다 실패를 거듭해
괴로워하는 선배가 있다면
용기를 내라는 마음을 담아 살며시 안아주어라.
그대를 낳아서 지금까지 키워주신 부모님의
이제는 앙상해져 가는 팔다리를 자주 주물러 드려라.
그동안 소홀히 대해온 연인의 두 눈을 바라보며
꽃잎처럼 살짝 입맞춤해 주고
오늘따라 기운이 없어 보이고 심하게 외로워 보이는
스스로의 마음을 부드럽고 따스하게 어루만져 주어라.

말투의 중요성

퉁명스럽고 거칠게 쏘아붙이는 말을
듣기 좋아하는 사람은 아마 없을 것이다.
그대 또한 마찬가지이고 나도 마찬가지이다.
어떤 사람과 대화를 할 때 말투 때문에 그가 하는 말의 내용이
귀에 잘 들어오지 않았던 적이 있을 것이다.
그럴 경우에 우리는 난처한 입장이 된다.
그렇다고 상대방에게
"이봐요! 당신 말투가 듣기에 참 거슬리네요"라고
단도직입적으로 토로하기도 곤란하기 때문이다.
가정에서 엄마가 아이에게
"얘야, 밥 먹어라"라고 나긋나긋한 목소리로 말하면
아이는 기쁜 마음으로 수저를 들 수 있을 것이다.
하지만 **"밥 먹으란 말이야!"**라고
눈을 부릅뜨고 윽박지르듯 소리친다면
아이는 밥은 고사하고 물 한 모금도 제대로 못 넘기게 될 만큼
기분이 상하게 되고 말 것이다.

말은 그 사람의 인품이 된다

같은 내용을 말한다고 해도
이렇게 억양이나 표정에 따라서
듣는 이에게는 엄청난 차이를 느끼게 한다.
뿐만 아니라 말을 어떤 투로 하느냐에 따라서
그 사람에 대한 인상이 상대방의 뇌리에 각인되며
심지어 인격까지도 유추해 보기도 한다.
말하는 것과 말하는 사람의 인격이
일치하지 않는 경우가 훨씬 많겠지만
밖으로 드러나는 현상을
더 잘 볼 수밖에 없는 우리들에게는
말이 곧 그 사람의 인품이 되고 만다.
그러니 우리는 각별히
말할 때에 주의를 기울여야만 하는 것이다.

인생 최고의 교훈

내가 얻은 인생 최고의 교훈 중의 하나는
말을 조심하라는 것이다.
이만큼 인간에게
따끔한 교훈이 또 어디 있을까 싶게
말 한마디의 힘을 느끼며 사는 요즘이다.
모든 것들은 말로 시작된다.
사랑도, 오해도, 미움도, 다툼도
되도록 상냥하고 친절하게 말해라.

교양 있는 사람의 태도

용서 못할 말을 해도
오래 참고 버텨라.
참을 인자 세 개면
살인도 면한다는 말도 있지 않은가?
참고 인내하며
교양 있고 품위 있게 타인을 대하여라.

더 용서하고 더 사랑하라

마음의 길은 자주 어수선하다.
맑은 햇살이 비추다가도 검은 먹구름이 갑자기 드리우고
굵은 빗방울이 예고 없이 떨어지기도 한다.
그 길에는 수많은 이들의 다양한 형태의 발자국들이 찍힌다.
어떤 이는 내가 원해서 왔다 가고
어떤 이는 내가 원하지 않았는데도 제 스스로 다녀간다.
시간이 흐르면 지금의 것들은
낡고 퇴색해지며 아득히 잊힌다.
그리고 언젠가는 더 이상
누군가의 이름을 불러줄 수도 없고
사랑해 줄 수도 없을 때가 올 것이다.
그때는 우리가 이 지상에서 마지막 숨결을 토해낼 때이다.
그때가 오면
"왜 더 많은 이들을 용서하지 못했을까?"
"왜 그 사람을 더 많이 사랑해 주지 못했을까?"
하는 후회가 밀려들 것이다.

슬픈 시간이 오기 전에 해야 할 것

이기적이던 그대의 옛 모습은 이젠 잊어라.
나만을 위해 살아왔던 생활 태도를
이제는 과감히 바꾸어라.
그대 자신을 사랑하는 것과 마찬가지의 심정으로
그대의 사랑을 애타게 기다리고 있는
그들을 이젠 진지하게 돌아보라.
그래서 맛있는 음식이 생기면 조금씩이라도 덜어주고
좋은 물건이 생기면 한 개라도 나누어 주어라.
가끔씩 짧은 메모를 적어 그들에게 주는 것도 좋을 것이다.
긍정적이고 삶의 희망을 전하는
낙천적인 글을 그들에게 선물해라.
하늘이 더 이상 삶을 허락하지 않을 때가 올 것이다.
그 슬픈 시간이 오기 전에 겸손하게 세상을 바라보고
차마 용서하지 못한 사람도
바다보다 넓고 깊은 아량으로 용서해 주고
가여운 많은 이들을 두루두루 사랑해 주어라.

희망의 무지개

기분 상하고 심히 거슬리고 우울한 일들이 있을 것이다.
생각만 해도 머리가 지끈거리고 골이 띵하고
삭신이 쑤셔오는 걱정거리들
지나가 버린 과거의 일인데 자꾸 끈질기게
생각의 수면 위로 떠올라서는
잔잔한 마음을 엉망진창으로 만들어 버리는 불쾌한 생각들
그런 고통을 유발하는 타인 또는 과거의 기억들을
인위적으로 바꿀 수는 없다.
자신이 아닌 다른 것들이 저절로 좋은 방향으로 변화되어
그대를 기쁘게 해주는 일은 거의 드물고 어려운 일이다.
그러니 그대가 스스로 마음을 바꾸고
상황을 밝음의 방향에서 해석해서 현명하게 대처해야 한다.
듣기 괴로운 소음마저도 상쾌한 음악 소리처럼 들어라.
뼈를 깎는 고통과 그보다도 더한 잿빛 현실 속에서도
어두운 절망의 구덩이에 갇혀 있어도
빛나는 희망의 무지개를 보길 바란다.

그대가 가져야 할 삶의 자세

나는 내가 원하는 사람이 될 수 있다고
가장 많이 확신하라.
누가 그대의 뺨을 후려치거든
마침 얼굴 근육이 굳어서 불편했는데
부드럽게 풀리도록 손수 마사지를 해주었으니
참 고맙다고 생각해라.
누가 그대에게 더럽고 추잡한 욕설을 퍼붓거든
"참 저 사람은 가엾구나.
저렇게 안 좋은 말을 하려고
그런 말을 가슴에 품고 다니니 얼마나 힘겨울까?" 라고
불쌍히 여겨라.
그리고 일생에서 가장 커다란 시련이 닥치거든
그래서 삶의 의욕마저 사라지려 하거든
"하늘이 내게 커다란 축복과 영광을 주시려고
오늘 이렇게 힘든 시련을 안겨주시는구나?" 라고
생각하고 용기를 내어라.

헌신하라

좋은 일을 위하여 헌신하라.
주변의 모든 것들이 썩고 타락해 가도
그대만은 한 마리 고고한 학처럼
순결한 마음을 간직하라.
한 인간이 태어나고 죽는 것은
도저히 어찌할 수 없는 숙명이지만
사는 동안 느끼는 희로애락의 감정은
얼마든지 자신의 의지대로 조절할 수 있다.
그리고 어떤 좋은 일을 위하여
자신을 기쁜 마음으로 내어놓을 수도 있다.
그렇지만 과연 무엇이 좋은 일인지
그렇지 아니한 일인지
분별하는 것 또한 어렵고
고도의 신중함을 요구하는 사항이다.

진정한 헌신

불행의 늪에 빠진 누군가를
도와주고 뒤돌아설 때 느끼는
뿌듯하고 가슴 벅찬 감정은
값비싼 물건을 구입하고 난 후에 느끼는
모래성 같은 포만감과는
질적으로 다른 감동이다.
얼마나 많이 헌신해 왔는가?
얼마나 자주 헌신해 왔는가?
나 자신의 이익을 추구하지 않고
온전히 희생할 수 있어야 진정한 헌신이다.
이득을 바라지 않고
타인을 사랑할 수 있게 되면
그대의 인격은 한층 더 풍요로워질 수 있다.

겉모습만 보고 판단하지 말 것

첫인상이 도둑놈보다 더
험악하고 오싹해서 소름 돋던 사람이
나중에 알고 보니 세상에 이렇게 또
좋은 사람이 어디 있을까 싶게
다정다감하고 따스한 사람일 수도 있다.
그런가 하면 첫인상이 천사처럼 착해 보이고 유순하던 사람이
어느 날 갑자기 안면을 싹 바꾸기도 하고
실체를 알고 보니 사람들 눈에 피눈물 나게 하는
악독한 사람일 때도 있다.
이렇듯 사람의 겉과 속이 판이하게 다를 수 있는 것이다.
겉모습만 보고 섣불리 판단했다가는
나중에 크게 후회할 일이 생길 수 있다.
앞으로는 자신에게 다가오는 사람들을
무조건 친구로 받아들이지 말기를 바란다.
아무나 하고 금싸라기보다 귀중한 시간들을 나눈다는 것은
아무렇게나 인생을 낭비하는 것과 같이 해로운 일이다.

친구

가리고 또 가려서 벗을 택하라.
인생의 친구는 많으면 많을수록 좋을 수도 있지만
진심으로 내 마음을 알아주는 사람은
단 한 명이라도 괜찮다.
진정으로 좋은 친구를 찾기란
하늘에서 별을 따오는 일보다 힘든 일일 것이다.
참 친구는 내가 지닌 모든 걸 잃고
심지어 몸마저 병들었을지라도
나의 곁을 떠나지 않을 사람이다.
다가오는 사람들을 명철한 눈으로 파악해서
마음이 진실한 사람을 골라 사귀어라.
그를 친구로 받아들이기로 결심했다면
이제 진심을 다해 의리 있게 대해주어라.

꿈을 위해 노력하라

그래도 한번 생각해 보자.
왜 어떤 사람은 성공하고
어떤 사람은 실패하는지 많은 이유가 있겠지만
자신이 바라는 꿈을 위해
어떻게 어떤 마음으로 연습을 했느냐 하는 것도
꽤 중요한 비중을 차지하지 않을까 생각한다.
어떤 기능이라도 자주 연습을 하다 보면
점점 실력이 향상되는 것이 보통이다.
무슨 일이든지 처음에는
어색하고 낯설고 손에 익지 않지만
자꾸 그 일을 하다 보면
익숙해지고 편안해지며
잘하는 방법을 절로 터득하게 된다.

인내심을 가져라

스스로 행복한 사람이 되기를 바라는 간절한 마음이
가슴속에 내재되어 있어야 한다.
그 어떤 사람도 대신
그대의 행복을 느껴줄 수 없듯이
행복을 위한 연습도 그대 스스로 해내야만 한다.
우리 인생에는 참고 참을 일이 얼마나 많은가?
잘 참다가도
한순간의 분노를 다스리지 못해 언성을 높이고
감정을 폭발시키고 나면
그 후에 밀려오는 후회스러운 느낌은
이루 말할 수가 없을 지경이다.
그러므로 되도록 인내하며 살아가길 바란다.
아무리 언짢은 일도
살이 뜯기고 뼈가 부서지는 고통도
때에 따라서는 참을 수 있어야 한다.

웃음과 행복

친구가 그대를 위해 이야기를 한다면
정말 재미없고 유치하고
지루하다고 해도 즐겁게 웃어 주어라.
혼자 있을 때도 그냥 한 번
아무 이유 없이 호탕하게 웃어보라.
웃고 나면 그 웃음이 웃겨서 또 웃음이 난다.
웃으면 세상이 온통 향기 가득한
꽃밭처럼 아름다워 보인다.
아름답고 향기롭고
눈부신 세상이 되어 보이는 마법의 웃음
행복한 감정을 불러들이기에 가장 적절한 방법은
그러므로 웃음이다.
즐겁게 웃어라.
웃으면 진짜 행복해질 수 있다.

연민하고 사랑하라

우선은 자기 자신을 사랑하라.
자주 거울을 보고
얼굴을 깨끗하고 기품 있게 가꾸고
옷도 깔끔하고 단정하게 입고
자신이 머무는 공간의 환경도
쾌적하게 유지해 나가라.
또한 영혼을 풍요롭게 해줄
일들에 시간과 돈을 투자하라.
스스로를 정성스럽게 돌보며 사랑할 줄 알아야
눈을 돌려 세상 모든 것들을 사랑할 수 있다.
타인과 세상의 모든 존재에 대하여 연민을 느끼고
아픔과 고통을 공감할 수 있을 만큼의 사랑을 키워나가라.
그렇게 매일 연습을 하다 보면
행복은 어느새 가까이 다가와
그대에게 남은 인생을 고통과 외로움과 슬픔으로부터
벗어날 수 있도록 도와줄 것이다.

꿈꾸기

원대한 꿈을 가슴에 품고서
그 꿈을 이룩하기 위하여
날마다 땀과 눈물과 정성을 쏟아라.
그 모든 노력은 결코 헛되지 아니할 것이다.
아직 꿈이 없다면
자신의 적성과 이상에 맞는 꿈을 정하고서
매일 묵상하고 정성껏 꿈을 보살펴라.
그러면 언젠가는 꿈이 그대에게
최고의 축복과 기쁨을 선물하며
그때까지 그대가 흘린 땀과 눈물과 정성에 대해
보상해 줄 것이다.

기억 주머니 청소하기

그대의 주머니 속에는
오늘 무엇이 들어 있는가?
의미 없는 종이쪽지 같은
주머니 속 하얀 먼지들을 미련 없이 털어내라.
기억이란 주머니 속을 오늘 깔끔히 청소해라.
해맑고 순수했던 어린 그대의 초롱초롱한 눈빛처럼
청아하고 순결한 영혼의 입자를 꺼내라.
오늘의 자신을 인정하고 사랑해 주어라.
그리고 아껴주어라.
그대를 몸서리치게 하는 안 좋은 기억들은
슬기로운 이성의 연못을 오염시키는
타락한 악마의 유혹이다.

인생의 고민을 없앨 비법

어느 날 어떤 문젯거리가 생겨나면
생각해 보라.
자신이 노력하고 힘쓰면
해결할 가능성이 있는 일인지
아니면 아무리 혼신의 힘을 다해도
바꿀 수 없는 어쩔 수 없는 일인지를
그 일을 감당해 낼 가능성이 조금이라도 있는 일이라면
최선을 다해 그 문제를 해결해야 할 필요가 있다.
그런데 아무리 보아도 자신으로서는
어쩔 수 없는 일을 가지고
머리를 싸매고 끼니를 굶고 끙끙 앓으며
몇 날 며칠 고민하는 사람들이 많다.
인생의 고민을 확실하게 없애는
획기적인 방법을 소개해 볼까 한다.
그것은 바로 내가 어쩔 수 없는 일들을
깔끔하게 포기하는 것이다.

명심하세요

그대에게 도저히 견딜 수 없고 고통스러운 일이 발생했다면
당황해하거나 급하게 서두르지 말고
그 일의 실체를 꼼꼼히 파악해 보십시오.
그래서 그 일에 대해서 나로서는
더 이상 어찌할 수 없다는 결론이 도출된다면
그 순간부터 그 일에 대한 부정적인 요소들을
미련 없이 그냥 잊어버리십시오.
어쩔 수 없는 일들을 붙들고
괴로워하고 몸부림칠 시간이 있거든
차라리 맛있는 음식을 먹거나 즐거운 오락을 하는 게 낫습니다.
행복과 성공은 어떤 것을 선택하느냐에 따라
다른 모습으로 다가옵니다.
어쩔 수 없는 일들에 울며 비참하게 매달릴 것인지
내가 할 수 있는 일들에 웃으며
전념할 것인지를 선택하는 순간
자신의 운명이 극명하게 달라질 수 있음을 명심하십시오.

고차원적인 생각을 하라

영혼의 키를 키워줄 최고의 영양제인
고차원적 생각의 씨앗을 마음에 품어라.
그래서 심장이 더워지는 어느 때
씨앗 하나를 꺼내서
사색과 열정으로 빚어진 비료를 주고
눈물보다 더 진한 사랑의 수액을 뿌려주어라.
그 씨앗 한 톨이 무럭무럭 자라나서
가슴속에서 향기로운 지혜의 꽃을 피울 것이며
또 어떤 씨앗은 깨달음의 나무로 자라나
생각의 숲을 푸르고 울창하게 가꾸어 줄 것이다.

잘못을 반성하고 고쳐라

인격이 잘 익은 토마토처럼
맛있게 숙성한 사람일수록
자신의 잘못을 발견했을 때
반성하고 고치는 일을 두려워하지 않는다.
상대방에게 무심코 상처가 될 수 있는 말을 했는가?
자신이 책임지고 해야만 하는 일을
귀찮다는 핑계로 미루고 말았는가?
건강을 해치는 해로운 일인 줄 뻔히 알면서도
향락에 빠져 무분별하게 먹고 마시지는 않았는가?
밤에 잠자리에 누워 있다 보면
그날 하루 잘못했던 일들이
파노라마처럼 생각의 스크린 위에 펼쳐질 때가 있다.
이상하게도 잘못한 일, 부끄러운 일들은
조용히 혼자 있는 시간에 선명하게 잘 떠오른다.
잘못을 발견했다면 마땅히 반성해야 한다.

신뢰받는 사람

다른 사람의 결점에 대해 논하지 말라.
자신이 일상에서 어떻게 행동하고
어떻게 말하고 있는지 자각하라.
믿음이 가는 사람이 되기 위해
노력하기를 주저하지 말라.
서로가 서로를 아무런 의심 없이
신뢰할 수 있는 세상이라면 얼마나 아름다울까?
그런 사회는 경찰도, 군인도
심지어 대통령도 필요 없게 될지 모른다.
신뢰받는 사람이 되려면
정직하고 인간애가 있어야 하며
긍정적인 언어를 자연스럽게 구사해야 할 것이다.
그리고 무엇보다 중요한 것은
타인의 진실을 나 또한 믿어줄 수 있는
우주처럼 넓고 포용력 있는 마음이 필요하다.

작은 소원

새벽이슬처럼 맑고 빛나며
늦가을 하늘처럼 드높아
푸른 물방울이 금방이라도
흘러내릴 것 같은
지순한 마음을 지니고 싶다.
모든 번민과 거짓과 추함이 제거된
순수한 영혼의 고갱이 되고 싶다.

명상의 필요성

아무리 막고 또 막아도
문틈 사이로 꾸역꾸역 들어오는 찬바람처럼
부정적이고 냉소적인 삶의 파편들은
어딘가에 들어와 있기 마련이다.
다소 귀찮더라도
그것들을 매일 제거해 주어야 한다.
빗자루가 필요할까?
진공청소기나 스팀청소기가 필요할까?
아니다.
필요한 건 잠시 동안의 고요한 명상이다.

우주의 이치

봄이 오면 뜰에 파릇한 새싹이 돋고
여름이 오면 그 새싹은 청보리처럼
푸르게 자라나 무성한 수풀을 이루고
가을이 오면 엽록소가 파괴되어 단풍잎이 되고
겨울이 오면 자신이 지닌 전부를 지상에 떨어내고서
빈 가지만 쓸쓸히 나부낀다.
누구나 무엇이든 그렇게 변해간다.
지상의 것들은 그것이 생명체이든
또는 무생명체이든 간에
어김없이 변화를 겪도록 예정되어 있다.
매일 조금씩 움직이며
서서히 성장하고 조용히 변화해 간다.

현재의 자신을 사랑하라

변해버린 자신 때문에
속상하고 화가 나더라도
때로는 그래서 눈물 흘리더라도
현재의 자신에 대해 감사함을 느끼길 바란다.
모든 것들이 덧없이 변하더라도
그대가 존재하는 순간순간은
그 무엇보다 아름답고 숭고한 시간이 아니겠는가?
세월의 흐름에 조금씩 변해가는 자신을
생이 끝나는 날까지
사랑할 수 있기를 진심으로 바란다.

진정한 부자

진정한 부자가 되는 방법은

그리 어렵지 않다.

스스로를 아름답게 가꾸고 주어진 인생을

그것이 비록 고통과 고난의 연속이어도

최고의 삶이라 여기며 처연히 헤쳐 나가는 것

그대는 수천억 원의 자산을 지니고 있지만

그 물질에 짓눌려 마음이 차가운

얼음장 같은 사람이 되기보다는

가진 것이 얼마이든 연연하지 않고

뜨겁게 삶을 사랑할 수 있고

그로 인해 제비꽃처럼

고운 인간의 향기가 은은하게 배어 나오는

가슴이 따뜻한 진정한 부자가 되길 바란다.

인간의 역사

모든 사람들이 삶의 고난 속에서

속절없이 아파만 하고 있었다면

세상은 어떻게 되었을까?

지금껏 모두들 그렇게만 살아왔다면

과연 지금 우리 인간의 문명이 존재하기나 할 것인가?

고통받는 이를 위로해 주는

용기 있는 이들이 있었기에

인간은 삶의 무수한 역경을 극복하고

다시 찬란한 문명을 이루어 왔던 것이다.

오늘이란 날을 축복할 것

오늘은 기쁘고 좋은 일들이 일어나리라고
긍정적으로 기대하라.
만일 버겁고 슬픈 일이 생기더라도
아침 공기처럼 맑게 깨어 있는 정신으로
슬기롭게 대처할 수 있도록
마음을 정갈하게 가다듬어라.
집 안의 모든 창문을 활짝 열어젖히고
시원하게 환기를 시켜라.
간밤의 묵은 공기들이
지난날의 묵은 생각들과 함께 빠져나가고
바다에서 갓 잡아 올린 활어처럼
싱싱한 산소와 생각들이 집 안으로 들어올 것이다.

오늘은 생애 최고의 날

오늘이 생애
최고의 날이 될 것을 기대하라.
오늘을 꿈을 향해 최선을 다하고
지나온 그 어느 날보다
활력 있게 살아갈 것을 스스로와 약속하라.
자기 자신에게 그리고 아침 햇살에게

그대를 축복합니다

낡고 오래된 부정적인 감정들을
모두 비워낸 후에
새롭고 맑은 것들로
다시 채워가는 즐거움을 느껴보자.
무엇을 채울 것인가?
삶을 축복하는 그대의 낭랑한 노랫소리이다.
살아있음을 그 어떤 축복보다
더 감사하게 생각하고
뼈와 살을 다해 자신의 생명을 자각하라.
인간으로 태어났음을 자축하고
그 누가 아닌 바로 자신으로
태어났음을 또한 축하하라.

오늘 아침을 감사하라

오늘은 바로 살아있는 우리들의 날이다.
손에 들려 있는 용기란 붓을 들어
힘차게 세상의 캔버스를 채색해 나갈 시간이다.
누구도 대신해 줄 수 없는 인생이 아닌가?
오로지 스스로 마지막까지 살아내야 하는 운명을 지닌 우리다.
어제 무슨 일이 있었는지 신경 쓰지 말라.
내일 어떤 일이 생겨서 골치 아플까
미리 염려하고 걱정할 것도 없다.
오늘 아침을 기뻐하고 차가운 물로 당신의 붉은 입술을 적셔라.
아름답고 순결한 그대는
이 지상에서 오직 하나밖에 없는 위대한 존재이므로
자신 있게 아침의 종을 온 세상에 울려라.
아침이 행복하면 나머지 시간들은 얼마든지 견뎌낼 수 있다.
매일 아침 삶을 향유하라.
오늘 그대가 살아있어서 이렇게 새 아침을 맞이하였음을
가슴속으로 무릎을 꿇고 뜨거운 눈물을 흘리며 감사하라.

고민거리 처리법

그대에게 있는 고민거리들을
마음속 발효의 동굴 속에 넣어 두었다가
며칠 후에 꺼내어 보라.
생각의 관점을 바꾸게 될 수 있을 만큼
변화된 자신을 발견하게 될 것이다.

타인의 삶 이해하기

'나'라는 지극히 제한적인 울타리에서 벗어나
타인의 삶을 상상으로나마 살아본다면
조금은 더 서로의 관계가 원만하게 풀릴 것이다.
항상 '내가 아닌 다른 사람이라면'을 유념하라.
이 방법이야말로 가슴으로
타인과 소통하는 최고의 비법이다.
나의 고민과 아픔만 고집스럽게 탐구하지 말고
다른 이의 고민과 아픔도
살갑게 들여다볼 수 있는 당신이기를 바란다.

분노 다스리기

참을 수 없는 분노가
불쑥 자신에게 찾아오거든 놀라지 말고
자신이 지닌 지혜로운 이성의 힘으로
분노라는 녀석을 얌전하게 잠재워라.
그대의 인생이 얼마나 행복할 것인가는
그대가 분노를 얼마나 현명하게
다스리느냐와 정비례할 것이다.
마음을 고요하고 침착하게 유지하여
분노로부터 자기 자신을 완벽하게 지키도록 하라.

거울의 기도

아무런 대화를 나누지 않아도
그대에 대해 속속들이 알고 있는 친구
거울은 지금 그대를 위해
조그만 목소리로 간절히 기도하고 있다.
"나의 사랑 당신 아프지 마.
나의 분신 당신 슬퍼하지 마.
나의 전부인 당신 눈물 흘리지 마.
당신이 아프면 나도 아프니까.
당신 더 이상 슬픔에 겨워 홀로 울지 않기를."

헛된 것들 버리기

언젠가는 우리들 또한 더 이상 걷질 못하거나

더 이상 움직이질 못하거나

더 이상 사고할 수 없게 되어

인간으로서의 기능을 상실하게 될 때

누군가로부터 버림받을 수도 있음을 잊지 않기를 바란다.

그렇게 타의에 의해 버려지기 이전에

스스로 집착의 사슬을 끊고

삶을 고단하게 하는 헛된 것들을 놓아주어야 한다.

헛된 것들은 무엇인가?

자기가 평생 먹고 쓰는 데 필요한 돈보다

더 많은 돈을 긁어모으려고 하는 것

누군가에게 베풀기 위해서가 아닌

오로지 자신의 욕심을 채우고자

물불 가리지 않고 목표에 도달하고자 하는 것

인생의 즐거움마저 포기하고서 일에만 몰두하는 것 등

일일이 열거할 수 없을 만큼 많이 있다.

당근 싹이 내게 가르쳐 준 것

소녀의 서투른 장난처럼
기르기 시작했던 당근 싹은
먼 기억 속의 첫사랑처럼
그렇게 푸르고 싱그러운 모습을 내게 남겨준 채
인간에게서는 결코 배울 수 없었던 것들을
깨우쳐 주고 떠나갔다.
다 끝난 것 같은 비참한 처지였지만
결코 포기하지 않는 결연한 생에의 의지와
작은 것의 지극한 아름다움
열악한 환경 속에서도
기쁘게 하늘을 향해 푸른 싹을 내미는
아름다운 정열을 나는 보았다.

따뜻한 작별

따뜻한 작별을 하라.
아름답고 행복한 추억을 오롯이 간직한 채
손을 흔들며 미소 지을 수 있도록
하루하루를 알차게 채워가라.
사랑과 이해와 용서
그리고 희망이란 이름으로 자신을 북돋워 가며
그가 비록 자신에게 아픔과 고통만을 안겨준
증오의 대상이었더라도
떠나가는 그를 위해
영원한 행복과 안녕을 빌어주며
따뜻하게 작별하기를

타인의 소중함

인간은 서로 기대고 의지하며

살아가야만 하는 사회적 동물이다.

마음이 허허로울 때

누군가가 연주하는 곡을 들으며

출렁이던 감정의 파도를 잔잔하게 만들기도 하고

지식이 부족할 때는 누군가가 써놓은 책을 읽으며

자신의 분야에 대해 조금씩 실력을 다져가기도 한다.

이렇듯 우리는 보이지 않는 곳에서

서로서로 도우며 살아가고 있는 것이다.

고난을 이기는 지혜

전혀 감사할 수 없는 상황에서도
감사할 수 있는 사람
그런 사람이 되어 보라.

인생

어떤 이가 사막 위에 홀로 불시착하게 되었다.
비록 그가 원하지는 않았지만 끝없이 이어진 모래밭 위에
덩그러니 남겨진 이상 그곳에 적응하며 살아야만 했다.
그는 살아남기 위해 선인장꽃을 따먹고
손바닥에 밤이슬을 받아 마셨다.
죽을 만큼 힘들지만 결코 전라의 자태로 유혹하는
절망이란 요부에게 빨려들지 않고
태양이 유리 파편처럼 살갗을 찌르는 사막 위를 걸었다.
그러던 그에게 시원한 물이 가득 고여 있는 오아시스가 보였다.
그는 타래에서 풀려난 실처럼 오아시스를 향해 내달려 갔다.
그러나 가까이 다가서 보니 그것은 신기루였다.
모래바람으로 인해 눈도 제대로 못 뜨는 열악한 환경 속에서
외로운 나그네의 가슴에 희망의 불씨를 지펴주고 사라진 신기루
인생은 그러한 신기루와 같다.
있는 것 같았으나 없는 것
존재하지만 또 존재하지 않는 것

우리의 세계

우리가 발을 딛고 선 이 세계는
하얀 뭉게구름이 오순도순 모여 사는
저 하늘과 같다.
수없이 많은 구름들이
각각의 모양으로 형성되어졌다가
소리 없이 사라지고
또 새로운 모습으로 금세 만들어지는 모습처럼
우리들의 세계는
항상 변화의 큰 물결에 의해 주도되고
날마다 새로움의 옷을 변덕스럽게 갈아입는다.

사랑에 익숙해져라

세상이 사라지는 날까지
사랑이란 말은
인간의 가슴에 존재할 것이다.
우리는 그 말에 익숙해져야 한다.
익숙해지면 질수록 사랑은
더 많은 감동의 포말을 일으키며
인생의 고난에 맞선 이들의 시린 가슴을
훈훈하게 만들어 줄 것이다.

사계절

푸르른 하늘엔 흰 구름이 떠 있다.
봄이 오면 이 산 저 산에
술에 취한 당돌한 새색시 같은
진달래가 만개하고
노란색 새 옷을 꺼내 입은
개나리가 제 옷 자랑을 하느라 여념이 없다.
여름이 오면 태양의 교만함은 절정에 다다른다.
뿜어져 나올 것이 더는 없을 것 같은
태양의 몸 안에서 쏟아져 내려오는
불길 같은 햇살의 혓바닥들
그리고 그 가을 누군가에게는 사랑이 떠나간
안타까운 이별의 계절에
마을 입구에 선 젊은 단풍나무는
홀로 분위기에 취하고
겨울이 오면 소금보다 더 하얀
눈 꽃송이가 온 세상에 탐스럽게 쌓인다.

자기 자신이 우주다

누군가에게 의지해서 즐거움을 찾기보다는
자신이 노력하고 개발해서
인생의 기쁨을 찾아낼 수 있는 사람이 창조적인 사람이다.
우르르 몰려다니는 사람들을 동경하지 말라.
자신이 지금 혼자라고
괜히 소심해지거나 기죽을 필요가 없다.
친구가 없다고 해서 바짝 주눅들 필요는 더더구나 없다.
결혼을 못했다고 해서 괜히 고개를 숙이고 다닐 필요도 없다.
혼자인 그대를 비난하는 사람은
오히려 그대의 자유로움을 부러워하고 있는지도 모른다.
그들의 시기심에 따뜻한 동정을 보내라.
이 세상의 중심은 그대 자신이다.
그대가 이 지구의 든든한 축이며
우주의 시작임을 잊지 말라.
그 까닭은 물론 그대가 존재하지 않으면
지구도, 우주도 자각할 수 없기 때문이다.

생의 아름다움

노루의 순하고 순한 먹물 같은
푸른 눈망울들이 지천으로 열려 있다.
이 밤 너는 뜨거운 숨결을 내뱉고 있는
빌딩들 머리 위에서
세상을 내려다보고 무슨 생각을 할까?
검은 습자지처럼 완벽하게 까만 밤하늘에
안개꽃 송이처럼 어여쁘게 피어난
저 소박한 영혼을 지닌
별과 수많은 행성들을 보라.
그들을 유심히 바라보며
가슴이 먹먹해지는 감동의 파도를
온몸으로 껴안아 본 적이 있는가?

바른 인성의 필요성

인생이란 것은
타인을 어떻게 내가 대접하느냐에 따라
다양한 형태로 전환된다.
그러므로 너와 나의 교감이
매끄럽게 이루어질 수 있는
바른 인성이 절실하게 필요한 것이다.
여기에서 너는 생물일 수도 있고
무생물일 수도 있다.

오늘을 기쁘게 살 것

우리는 의식적으로 추억의 페이지들을
즐겁고 향기로운 기억들로 채워갈 필요가 있다.
슬프고 우울하고 화나는 추억을 되새기며
행복해질 수는 없기 때문이다.
자신의 현재와 미래를 위해서
과거의 기억들은 명랑하고 향기로워야 한다.
오늘은 내일이 되면 과거가 될 것이므로
우리는 오늘을 기쁘게 사는 법을 익혀야 한다.

향기로운 추억 만들기

향기로운 추억을 만들기로 결심하라.
그래서 그 결심을 방해하는
불쾌한 일들에 대처하는 슬기로움을 익혀라.
그 슬기를 터득하기 위해서는
시선의 방향을
다양한 각도로 조절할 수 있어야 한다.
되도록 좋은 방향에서 바라보고
즐거운 기분으로 모든 일을 해석하라.

실수와 실패를 두려워하지 말라

그대가 어떠한 실수를 했든지
풀이 죽은 채 지내지 말라.
의기소침해지고
자신을 자학하지 말기를 바란다.
모든 인간은 실수라는
달갑지 않은 친구를 데리고 다니고 있다.
그것을 부끄러워하고 숨기려고 애쓰면 애쓸수록
실수는 더 자주 밖으로 뾰족하게 튀어나온다.
위대한 인물일수록
많은 실수를 했음은 아주 당연한 결과이다.
그것은 그만큼 그들이
실수나 실패를 두려워하지 않고
무언가를 시도했다는 의미이기 때문이다.

실수는 들꽃이다

괜찮다.
옆집에 사는 사람도
뒷집에 사는 사람도
저 멀리 태평양 건너에 사는 사람도
우리와 마찬가지로 나름의 실수를 하며 살아간다.
그대의 실수는 성공으로 가기 위한
다리 위에 피어 있는 들꽃과 같다.
여유롭게 바라보고 미소 지어 줄 수 있다면
그 꽃은 그대에게 희망과 용기라는
고운 향기를 건네줄 것이다.

겸손해야 행복해진다

세상에 나서기 전에
내 안에 겸손의 향기가 있는지 점검하라.
진실로 타인을 존중하는 마음이
우러나오는지 확인하라.
속이 알알이 여문 값어치 있는 열매와 같은 사람과
겉만 화려하고 속은 텅 빈 열매와 같은 사람의 차이는
누가 더 많이 세상을 향해
자신을 낮추는가를 보면 알 수 있다.
세월이 흐를수록 점점 더 실감하게 되는 사실은
진실로 겸손할수록 삶이 평화롭다는 것이다.
마음이 겸손하고 평온한 사람만이
행복한 인생이란 찬란한 대지 위에
첫발을 디딜 수 있음을 잊지 말라.

기다림

맑게 피어나는 새들의 웃음소리와
하얗게 부서지는 투명한 햇살 속에서
첫사랑을 기다리는 싱그러운 상고머리 소년처럼
떨리는 마음으로 그를 기다려 보라.
고즈넉한 나무 벤치에 앉아서
후박나무 잎이 떨어지는 모습을 조용히 지켜보며
가없는 기다림의 시간 속으로 들어가 보라.
눈동자의 흔들림조차 없이 그리 어색하지는 않게
아득히 먼 곳을 사선으로 응시하면서
그대는 홀로 그렇게
상상 속의 연인을 기다려 보는 것이다.

낭만적인 그대

가끔 기다림에 가슴 설레어 보라.
그가 오든 혹은 영원히 오지 않든지
가만히 귀 기울여 그의 발자국 소리를 들어보라.
그리운 사람을 눈물 나게 기다려 보라.
그대 자신 안에 기다림의 시간이 있다면
영혼이 샘물처럼 맑은 사람일 것이다.
그 기다림에 설레어 잠 못 이룰 줄 안다면
누군가를 진정으로 사랑할 수 있는
낭만적인 사람일 것이다.

명상

골짜기에서 흘러 내려오는
경쾌한 물살처럼
삶도 막힘없이 그렇게 시원하고
호탕하게 흘러갈 수는 없을까?
오늘도 어김없이 모든 이들의 가슴에
같은 양의 하루가 주어졌다.
사람들과 새들과 그리고 구름은
무엇을 향해서 저토록 바삐 움직여
어디론가 가고 있는지
텅 빈 집 안에 오래된 가구처럼 홀로 앉아
인간과 우주에 대하여 다시 명상한다.

참된 삶의 태도

대장장이의 망치질에 두들겨 맞고
모든 것들이 녹아내릴 만큼
뜨거운 불 속에 들어가서
새로운 모습으로 세상에 나와야 하는 징처럼
무엇이든 능숙해지기 위해서는
단련의 시간이 필요하다.
끊임없는 자아 성찰이 있어야 하며
항상 정의로움을 추구하고 진리를 탐구하라.

모두가 행복해질 수 있도록

우리는 누구나 행복해질 수 있지만
또한 엄청나게 불행해질 수도 있음을
간과해서는 안 될 것이다.
행복과 불행은 자신의 의지에 따라
좌우될 수 있음도 잊지 말아야 한다.
나만 행복하고 잘 살기 위해 애쓰기보다는
내 곁에 있는 사람들도
행복해질 수 있도록 도움을 주어야 한다.
그대가 할 수 있는 한 그들의 행복한 삶을 위해
기꺼이 도움을 주어라.
향기롭고 아름다운 꽃을 보면 저절로 미소가 피어나듯이
자신 곁의 사람이 행복해하는 모습을 보면
저절로 기분이 좋아질 것이다.
지상의 모든 인류가 행복해질 수는 없을까?
나는 가끔 그런 기적이
이 땅 위에 이루어지길 간절히 소망해 본다.

그대는 무엇이든 할 수 있다

우리는 무한한 잠재력을 지니고 이 세상에 내려온
파랗고 빛나는 별들이다.
광대한 우주를 구성하는 위대한 존재들이다.
우리는 무엇이든 할 수 있는 가능성을 신으로부터 부여받았다.
우리들 안에 잠재된 능력은
그 깊이를 가늠할 수 없을 정도로 깊고 무한하다.
아무리 주위에서
"너는 절대 할 수 없어, 그런 일은 아무나 하는 줄 아니?
허황된 꿈을 꾸고 있네, 쯧쯧." 하더라도 포기하지 말라.
객관적인 기준으로 보아도
해낼 가능성이 거의 없어 보이더라도
그대는 할 수 있음에 마음을 두라.
"나는 할 수 있다. 나는 반드시 해낼 수 있다."
그렇게 자주 자신을 격려하다 보면 알게 모르게
어느 순간부터는 자연스럽게
모든 일 앞에 자신 있게 나설 수 있을 것이다.